Anzeigepflicht im Schuldrecht.

Von

Dr. jur. Peter Klein.

Berlin 1908.

J. Guttentag, Verlagsbuchhandlung,

G. m. b. H.

Meinem Vater

in Liebe und Verehrung.

Vorwort.

Die Lehre von der „Anzeigepflicht im Schuldrecht" ist, soweit ich sehe, bislang noch nicht monographisch behandelt worden. Diese Lücke auszufüllen, bildet die Aufgabe der vorliegenden Schrift.

Das Buch trägt rein dogmatischen Charakter. Die geschichtliche Entwicklung der Anzeigepflicht im Schuldrecht ist nicht dargestellt. Auch auf eine rechtsvergleichende Darstellung habe ich verzichtet. In Aussicht genommen ist eine kürzere Arbeit über das hier behandelte Problem für das Zivilrecht der Schweiz.

Schrifttum und Rechtsprechung sind bis zum 1. Juni 1908 berücksichtigt.

Besonders starke Anregungen verdanke ich den Ausführungen Kohlers [Lehrbuch des Bürgerlichen Rechts] und Krückmanns [Unmöglichkeit] über Anzeigepflicht sowie Manigks neustem Werke [Willenserklärung und Willensgeschäft] für die Lehre von der Anzeige.

Bonn, im Juni 1908.

Peter Klein.

Inhalt.

Abkürzungen.

Für die Bildung der Abkürzungen waren die auf dem 27. deutschen Juristentage angenommenen Vorschläge für die Art der Anführung von Rechtsquellen, Entscheidungen und wissenschaftlichen Werken (1905), erste Ausgabe, maßgebend.

I. Fragestellung.

Eine der interessantesten und praktisch bedeutsamsten Fragen, welche die moderne Zivilrechtswissenschaft[1]) und -rechtsprechung aufgeworfen haben, lautet:

Erschöpfen die Anzeigepflichtbestimmungen[2]) unseres BGB. in dem durch das BGB. geregelten Privatrechtsteile[3]) die ganzen Anzeigepflichtfälle oder sind darüber hinaus noch weitere Anzeigepflichtfälle anzunehmen?

Die abschließende Antwort auf diese Frage steht noch aus. Sie für das Schuldrecht unseres BGB. zu entscheiden, bildet die Aufgabe der vorliegenden Abhandlung.

Bevor ich das Untersuchungsgebiet noch genauer abgrenze und den Weg zeige, den diese Abhandlung einschlagen wird, will ich zunächst die praktische Bedeutung unseres Problems an einigen Fällen, für die trotz des Schweigens unseres BGB. eine Anzeigepflicht in Schrifttum oder Rechtsprechung angenommen wurde, veranschaulichen.

1. Bei einem Mietvertrage war der Anfangstermin davon abhängig gemacht, daß die Wohnung von dem jetzigen Inhaber in bestimmter kurzer Frist geräumt werde. Der Letztere zog nach

---

[1]) Vgl. zunächst die Angaben bei Klein, Ein Beitrag zur Lehre vom Untergang der Obligation durch Zweckerreichung, ArchBürgR. XXXI 223 Note 21; Hedemann, Zivilistische Rundschau 1906/1907, ArchBürgR. XXXI 289, 352, 364.

[2]) Darüber, welche Normen hierher zu rechnen sind, herrscht keine Übereinstimmung. Vgl. die Ausführungen dieser Abhandlung I 2.

[3]) Die öffentlich-rechtlichen Anzeigepflichtnormen werden in dieser Abhandlung nur soweit herangezogen, als dies die Exegese einzelner Normen unseres BGB., z. B. der §§ 823 II und 826, notwendig macht.

drei Tagen aus. Der Vermieter rührte sich nicht und meinte später, daß es Sache des Mieters gewesen sei, sich danach umzutun, — daß also das Mietgeld fällig sei. Nach Stammler[4]) mit Unrecht. Der Vermieter mußte dem Mieter die Räumung der Wohnung unverzüglich anzeigen[5]).

2. Die Beklagte, die vertragsmäßig zu einer Fahrt am 2. August 1900 den Dampfer „Unterweser III" zu stellen hatte, hatte ihrerseits am Morgen des 1. August die telegraphische Nachricht von einer schweren Havarie des Dampfers erhalten, davon aber ihrem Kontrahenten keine Mitteilung gemacht. Durch die Beweisaufnahme wurde festgestellt, daß es dem Kläger bei alsbaldiger Mitteilung noch möglich gewesen wäre, sich die Lieferung eines anderen Dampfers für die fragliche Fahrt zu sichern. Das OLGericht Hamburg sprach in seiner Entscheidung vom 13. Mai 1901[6]) die Beklagte schuldig, für die Folgen ihrer Unterlassung aufzukommen, und hat ihr dementsprechend eine Schadensersatzpflicht auferlegt. Eine Verpflichtung zur Benachrichtigung bestand nach Meinung des Gerichts nicht nur, wenn es für die Beklagte schon feststand, daß sie dem Kläger den Dampfer nicht stellen könne, sondern auch dann, wenn Umstände eintraten, welche die Möglichkeit der Vertragserfüllung ernstlich in Frage stellten. So habe die Beklagte nicht so gehandelt, wie Treu und Glauben es mit

---

[4]) Die Lehre von dem richtigen Rechte, 372.

[5]) Einen ähnlichen Fall hat später Arthur Kohler, Zur Anzeigepflicht im Zivilrecht, ArchBürgR. XXV 164—174, sehr eingehend behandelt. Er gelangt zu demselben Ergebnis wie Stammler. Seine Ausführungen werden gebilligt von: Windscheid-Kipp, Pandekten[9], I § 92 (S. 482) und Krückmann, Unmöglichkeit und Unmöglichkeitsprozeß, zugleich eine Kritik der Entwürfe Rußlands, Ungarns und der Schweiz (1907), 181 Note 123. — Besteht in den durch BGB. § 652 I Satz 2 geregelten Fällen für den Schuldner, eventuell, wenn der Mäkler für beide Teile tätig sein durfte und gewesen ist, für die beiden Vertragschließenden eine Verpflichtung, dem Mäkler den Eintritt der Bedingung anzuzeigen?

[6]) Die Entscheidung ist abgedruckt in SeuffA. LVI Nr. 219 und OLGRspr. III S. 8. — Sie wird gebilligt von Dernburg, Bürgerliches Recht[3], II 1 § 96 I 5 und Note 7 (S. 231); Planck, Recht der Schuldverhältnisse[3], zu § 275 Anm. 6; Wendt, Die exceptio doli generalis im heutigen Recht, oder Treu und Glauben im Recht der Schuldverhältnisse, ArchCivPrax. C. 140/1; Krückmann, 184. — Auch Stammler, 372, hat wohl an diesen Fall gedacht.

Rücksicht auf die Verkehrssitte erforderten. Sie habe ihre Anzeigepflicht verletzt[7]).

3. Der erkrankte Sänger oder Schauspieler muß seine Erkrankung unverzüglich dem Direktor anzeigen[8–9]).

4. A hatte es übernommen, ein dem B gehöriges alleinstehendes Haus niederzulegen. B wohnt in der Nähe des abzubrechenden Hauses, A in der zwei Meilen entfernten Stadt. Der Blitz schlägt in das abzubrechende Haus ein, zündet und äschert es ein. Ich habe im ArchBürgR. XXXI. 223/4 für diesen und ähnliche Fälle eine Anzeigepflicht des Gläubigers angenommen. Der Schuldner soll nicht durch unnötige weitere Vorbereitungstätigkeit zu Schaden kommen[10]).

5. Der Gläubiger X hatte von den Gesamtschuldnern A, B, C, D zunächst den A zur Bewirkung der geschuldeten Leistung

---

7) Der Bericht ist Wendt a. a. O. entnommen.

8) Zu der interessanten Frage, ob — eventuell wann in solchen Fällen die bloße Anzeige genügt, und inwieweit eine Glaubhaftmachung der in der Anzeige aufgestellten Behauptung (ärztliche Bescheinigung der Krankheit usw.) nottut, vgl. zunächst Krückmann, 186 fg. Daß der Schuldner bei der Anzeige gemäß § 374 II BGB. nicht zur Beifügung des Hinterlegungsscheins verpflichtet ist, steht heute in Schrifttum und Rechtsprechung fest. Vgl. RG. V. Zivilsenat, 6. V. 03. JW. 03. Beil. 79; Oertmann, das Recht der Schuldverhältnisse², zu § 374 Anm. 4; Staudinger, BGB. IIa (Kuhlenbeck, Recht der Schuldverhältnisse)³/⁴, zu § 374 Anm. 3.

9) Vgl. auch § 34 II des Entwurfs eines Gesetzes über den Versicherungsvertrag.

10) Zu diesem Rechtsfall vgl. Krückmann, 256 fg.; Staudinger-Kuhlenbeck, a. a. O. 270/1, der bei der Wiedergabe meiner Ausführungen im ArchBürgR. XXXI 214 fg. die von mir angenommene Anzeigepflicht des Gläubigers nicht erwähnt, und zu Kuhlenbecks Erörterungen S. 271 schließlich Klein, Ein Beitrag zur Lehre von der rechtlichen Bedeutung der „Vorbereitungshandlungen" zur Leistung, Seuff. Bl. LXXIII 309—322, insbesondere 319 fg.

Bestände eine Anzeigepflicht auch dann, wenn umgekehrt der Gläubiger in der zwei Meilen entfernten Stadt wohnte und der Unternehmer in der Nähe des abzubrechenden Hauses? Müßte der Gläubiger auch in diesem Falle, wenn er zufällig von dem Ereignisse erführe, dem Unternehmer davon Mitteilung machen? Oder dürfte er sich bei dem Gedanken beruhigen, daß der in der Nähe des abzubrechenden Hauses wohnende Unternehmer das Ereignis wahrgenommen haben muß und darum jede weitere Vorbereitungstätigkeit einstellen wird? — Vgl. auch § 937 II des Entwurfs eines ungarischen allgemeinen Bürgerlichen Gesetzbuchs, Erste Fassung.

aufgefordert. Er änderte dann seinen Entschluß und forderte, von seinem Rechte aus BGB. § 421 Gebrauch machend [11]), nunmehr von dem Gesamtschuldner B die geschuldete Leistung. Der so verfahrende Gläubiger muß seine Entschließung unverzüglich dem zunächst angegangenen Gesamtschuldner A anzeigen, damit dieser seine Vorbereitungstätigkeit sofort einstellen kann [12—13]).

6. Der Reisende einer Messerwarenfabrik, seit zwei Tagen Gast in einem Hamburger Hotel, hatte, nach Beendigung des Kundenbesuchs ins Hotel zurückkehrend, seinen Musterkoffer in dem Vestibül des Gasthofs, dem ständigen Aufbewahrungsort für kleine Koffer, eingestellt. Der Koffer kam abhanden. Der Reisende forderte vom Gastwirt Schadensersatz (BGB. § 701). Der Gastwirt weigerte sich aus verschiedenen Gründen, dem Reisenden Schadensersatz zu leisten, u. a. deshalb, weil der Reisende den Koffer eingestellt habe, ohne den Gastwirt oder die Angestellten von der Einstellung des Koffers zu benachrichtigen. Der III. Zivilsenat des OLGericht Hamburg entschied durch Urteil vom 7. Febr. 1907 [14]) wie folgt:

„War das Vestibül der für Aufnahme solcher Koffer bestimmte Ort, so handelte der Kläger nicht fahrlässig, wenn er seinen Koffer dort einstellte, ohne den Wirt oder dessen Angestellte hiervon zu benachrichtigen. Er durfte annehmen, daß die letzteren, auch wenn sie das Einbringen nicht gesehen hatten, doch ein Auge auf ihn haben würden, und es würde das Maß der im Verkehr erforderlichen Sorgfalt überschreiten, wenn man

---

[11]) Vgl. Staudinger-Kuhlenbeck 3/4, zu § 421 Anm. 2b.

[12]) Klein, Seuff. Bl. LXXIII 321/2.

Planck, zu § 426 Anm. 1 (letzte Zeilen) und Staudinger-Kuhlenbeck 3/4, zu § 426 Anm. 3 machen darauf aufmerksam, „daß sich aus dem Verhältnis unter den Gesamtschuldnern eine Verpflichtung ergeben kann, einander von einer an den Gläubiger gemachten Zahlung Anzeige zu machen und den Schaden zu ersetzen, den ein Schuldner dadurch erlitten hat, daß er infolge der Unterlassung der Anzeige mehr an den Gläubiger geleistet hat, als dieser noch zu fordern hatte, und das zuviel Gezahlte nicht zurückerlangen kann".

[13]) Wird die „Anzeige" von mehreren als Gesamtschuldnern (BGB. § 421) geschuldet, so finden die §§ 422 I Satz 1, 423, 425 BGB. Anwendung

[14]) LZ. I 520/1.

unter den obwaltenden Umständen noch diese besondere Anzeige verlangen wollte."

7. Der Beklagte hatte am 21. Nov. 1903 zwei Forderungen im Betrage von 1120 M. und 2500 M. gegen die Eheleute H in K, welche auf dem Grundbesitze der Schuldner mit zweiter und dritter Hypothek sichergestellt waren, durch „Zessionsvertrag" auf die Klägerin übertragen und gleichzeitig sich für die Forderungen als Bürge und Selbstzahler verbindlich erklärt. Die verpfändete Liegenschaft kam am 18. April 1905 zur Zwangsversteigerung. Diese war auf Antrag der ersten Hypothekargläubigerin, der W-Sparkasse in St., angeordnet, und es war der Beitritt der Klägerin zur Zwangsversteigerung wegen mehrfacher Ansprüche auf Zinsen und Kosten zugelassen worden. Im Versteigerungstermin erschien der Rechtsanwalt M als Bevollmächtigter der Klägerin, zugleich aber auch in eigenem Interesse, da er selbst auf dem H schen Grundstücke eine Hypothek an vierter Stelle hatte. Dieser erfuhr erst im Laufe des Versteigerungstermins, daß der Beklagte der Klägerin als Bürge haftete. Er ersteigerte in eigenem Namen das Anwesen, wobei seine Hypothek und ebenso die Hypotheken der Klägerin ausfielen. Gegenüber der Klage, mit welcher die Klägerin zunächst Zahlung eines Teilbetrages vom Beklagten als Bürgen verlangte, erhob dieser den Einwand, daß die Klägerin verpflichtet gewesen wäre, ihn von der Zwangsversteigerung zu benachrichtigen, wie solches bisher während der langjährigen Geschäftsverbindung der Parteien in gleichen Fällen regelmäßig geschehen sei. Wäre ihm rechtzeitig Mitteilung gemacht worden, so hätte er das Anwesen, dessen Wert den Versteigerungserlös erheblich überstiegen habe, für sich ersteigert. Der Beklagte erhob aus diesem Grunde auch eine Feststellungswiderklage ......". Der VI. Zivilsenat des RG. hat in seiner sehr beachtenswerten Entscheidung vom 31. Januar 1907 (RGZ. LXV, Nr. 38, S. 134—142) die hier interessierenden Fragen:

„Ist der Gläubiger verpflichtet, dem Bürgen (Selbstschuldnerbürgen) von einem gegen den Hauptschuldner eingeleiteten Zwangsversteigerungsverfahren Nachricht zu geben?"

„Kann die Vorschrift des § 1166 BGB. hier analog angewendet werden?"

„Ergibt sich eine Benachrichtigungspflicht aus einer bisher in dem Verhältnisse zum Bürgen vom Gläubiger eingehaltenen Geschäftsübung?"[15])

verneint.

8. A wurde von seinem Freunde B in einer Rechtssache um Rat gefragt[16]). Er erteilt dem B (unentgeltlich) Rat, bemerkt dann aber, nachdem B weggegangen ist, daß er sich bei der Raterteilung geirrt hat. B wird unzweifelhaft im Falle der Befolgung des von A erteilten Rates großen Schaden erleiden Muß A dem B unverzüglich anzeigen, daß er sich bei der Raterteilung geirrt habe?

9. A verkaufte an B am 5. Juli 1907 ein Pferd. Drei Wochen nachher erhebt C gegen B Klage auf Herausgabe des von A gelieferten Pferdes. Dieses Pferd sei ihm (C) gestohlen. — Wendt[17]) macht unter Hinweis auf Paulus libro septuagesimo septimo ad edictum (l. 53, § 1, D XXI, 2.)[18]) und Labeo libro secundo posteriorum a Javoleno epitomatorum (l. 29, § 3, D XXXII)[19]) darauf aufmerksam, daß in einem solchen Falle die Verkehrssitte und die Anforderungen über Treu und Glauben es verlangen, daß der Käufer dem Verkäufer sofort von der Eviktion (im Wege der Streitverkündung) Anzeige erstatte ....., daß nach Treu und Glauben im Falle der Unterlassung dieser Anzeige ein Regreß des Käufers zu verweigern sei, weil der Verkäufer dem Käufer entgegenhalten könne, die unterlassene Anzeige würde ihn in Stand gesetzt haben, der Eviktion durch Widerlegung der von dritter Seite geltend gemachten Ansprüche auf die Sache vorzubeugen, m. a. W. weil dem Käufer

---

15) Vgl. zunächst Schneider, Der 65. Band der Entscheidungen des Reichsgerichts in Zivilsachen, DJZ. XIII 220, Enneccerus³, I § 415 S. 1057.

16) BGB. § 676. — Vgl. Planck³, zu § 676 Note 2.

17) Wendt, a. a. O. 211—213.

18) Lenel, Palingenesia Juris Civilis, I 1095 Nr. 828.

19) Lenel, Palingenesia Juris Civilis, I 302 Nr. 171.

vorzuwerfen sei, daß er sich die Gelegenheit sowohl zur eigenen besseren Information als überhaupt zur Abweisung des fremden Anspruchs habe entgehen lassen[20]).

10. A und B hatten einen Kaufvertrag mündlich abgeschlossen, dabei aber ausgemacht, der zwischen den Parteien geschlossene Vertrag solle noch „vollzogen“[21]) werden. Ist B verpflichtet, den A bei der „Vollziehung“ des Vertrages, wenn A sich bei der Angabe der mündlich vereinbarten Verkaufsbedingungen zu seinem Schaden irrt, auf seinen Irrtum aufmerksam zu machen?

11. Der Bauherr bemerkt, daß das Gerüst an dem Neubau aus dem Lot gewichen ist. Er macht dem Unternehmer keine Mitteilung davon. Das Gerüst stürzt ein, und mehrere Vorübergehende werden verletzt. Bestand für den Bauherrn eine Anzeigepflicht? Haftet er dem Unternehmer auf Schadensersatz[22])?

12. An einem Sonntage beobachtete A, daß mehrere halbwüchsige Burschen sich an den Gerüsten des seinem Hause gegenüber errichteten Neubaus zu schaffen machten und einzelne Stricke

---

[20]) Teilweise wörtlich entnommen bei Wendt a. a. O.

[21]) Zu dem Problem der „Vertragsvollziehung“ (für das BGB.) will ich demnächst in einer größeren Abhandlung Stellung nehmen. Zurzeit sind wir (soweit ich sehe) nur auf die pflichtschuldigen kurzen Bemerkungen der Lehrbücher und Kommentare und einzelne Sätze in Sonderdarstellungen angewiesen, die meistens nur die (teilweise wertvollen) Ergebnisse der gemeinrechtlichen Theorie wiedergeben.

Die gemeinrechtliche Theorie ist niemals zu einem Abschlusse in dieser Lehre gekommen. Das hatte einmal seinen Grund in der Unsicherheit der Entscheidungen in den Quellen, sodann, worauf schon früher von mir (vgl. „Vertragliche Änderung des Inhalts eines Schuldverhältnisses“ [1907], 22 fg.) hingewiesen worden ist, in einer ungenauen Abgrenzung des Problems.

Die ältere Literatur ist zusammengestellt bei Degenkolb, die Vertragsvollziehung als Vertragsreproduktion, ArchCivPrax. LXXI 161—226; Bekker, System des heutigen Pandektenrechts, II § 93 S. 84; Regelsberger, Pandekten, § 137 S. 501, Noten 33 fg.; Dernburg, Pandekten^{7}, I § 97 a. E.; II § 10 Ziffer 1 und Noten 2—4.

Aus der Literatur zum BGB. vgl.: Enneccerus, Lehrbuch des Bürgerlichen Rechts^{3}, I, § 153 III (S. 384), § 252 IV und Noten 13—16 (S. 633/4); Dernburg, Bürgerliches Recht^{3}, I § 140 III; Staudinger, BGB. I (Riezler Allgemeiner Teil)$^{3/4}$, zu § 125 Anm. I 4, 5; zu § 154 Anm. 5 (S. 487).

[22]) Vgl. S. 12/13.

lockerten. Am andern Morgen stürzte das Gerüst, als die Arbeiter eben mit der Arbeit begonnen hatten, teilweise ein. Zwei Maurer wurden schwer verletzt. Bestand für A eine Anzeigepflicht[23])?

13. Ich verweise schließlich auf die hochinteressanten Versuche der Rechtsprechung, festzustellen, inwieweit für den Verkäufer gegenüber dem Käufer eine „Anzeige-", „Offenbarungspflicht" besteht, wann „arglistiges Verschweigen" gegeben ist ..... Die hier interessierende Rechtsprechung ist größtenteils in der Entscheidung des RG. II. Zivilsenat vom 27. März 1906 (RGZ. LXII, Nr. 39, S. 149—152)[24]) zusammengestellt. Es kommen hier folgende Entscheidungen in Betracht:

a) Urteil des RG. V, 16. Mai 03, JW. 1903, Beilage 99 Nr. 223[25]).

b) Urteil des RG. V, 2. November 04, JW. 1905, 13 Nr. 4[26]).

---

[23]) Vgl. zunächst Stammler, a. a. O. 488—490, sodann Hedemann, Moderne Bürgerpflichten (1907), z. B. S. 14/15, 19, 22, 24.

[24]) Diese bedeutsame Entscheidung billigen Krückmann, 185; Staudinger-Riezler, zu § 123 Anm. IV 1 (S. 402).

[25]) Die hier interessierenden Ausführungen lauten: „Nach den Grundsätzen von Treu und Glauben ist der Verkäufer verpflichtet, dem Käufer alle ihm bekannten Umstände mitzuteilen, welche nach vernünftigem Ermessen für die Willensentschließung des Käufers erheblich sein können (vgl. JW. 1899, S. 247 Nr. 67, S. 378 Nr. 37). Nach dieser Regel hat er nicht nur Fehler, die er als solche erkannt hat, sondern auch seine Zweifel an der Fehlerlosigkeit der Kaufsache dem Käufer bekannt zu machen. Versäumt er diese Pflicht, so handelt er arglistig. Er kann sich damit, daß er den Zweifel infolge seiner optimistischen Veranlagung zu seinen Gunsten gelöst habe, nicht entschuldigen, vielmehr muß er dem Käufer Veranlassung geben, die Sache nach der Richtung hin, in der die Zweifel bestehen können, selbst zu untersuchen oder durch Sachverständige untersuchen zu lassen."

Vgl. zu dieser Entscheidung: Oertmann, zu § 476 Anm. 2; RGZ. LXII Nr. 39 S. 150/1; Krückmann, 185; Staudinger-Riezler, a. a. O.

Die Kritik lautet: Die Entscheidung traf im konkreten Falle zu. In seiner Allgemeinheit geht der in dieser Entscheidung aufgestellte, eingangs dieser Note wiedergegebene Rechtssatz über eine „Offenbarungspflicht" des Verkäufers zu weit.

[26]) Die hier interessierenden Ausführungen lauten: „Der Verkäufer hat die Pflicht, dem Käufer alle für seine Entschließungen wesentlichen Umstände mitzuteilen. Er handelt auch dann arglistig, wenn er nach einem solchen Um-

c) Urteil des RG. V, 13. Januar 04, JW. 1904, 113, Nr. 9[27]).

d) Urteil des RG. I, 3. Februar 04, JW. 1904, 167 Nr. 6[28]).

e) Urteil des RG. II, 15. Dezember 05, JW. 1906, 86 Nr. 5.

f) Urteil des RG. II, 27. März 06, RGZ. LXII Nr. 39 S. 149—152[29]). (Vgl. auch RG. V, 14. März 08, Recht XII, Nr. 1531.)

---

stande nicht gefragt ist, sofern er sich nur bewußt ist, daß der Käufer auf den verschwiegenen Umstand Wert legen konnte."

Vgl. zu dieser Entscheidung RGZ. LXII 151; Krückmann, 185.

[27]) Die hier interessierenden Ausführungen lauten: „Die Absicht, durch Verschweigen zu betrügen, erschöpft nicht den Begriff des arglistigen Verschweigens. Verschweigt der Verkäufer Umstände, aus denen sich das Vorhandensein eines Fehlers der Sache ohne weiteres ergibt, so ist das Verschweigen schon dann arglistig, wenn der Verkäufer sich bewußt ist, daß die Kenntnis des Fehlers auf den Entschluß des Käufers, zu kaufen oder zu andern als den vereinbarten Bedingungen zu kaufen, von bestimmendem Einflusse sein werde."

(Es handelte sich darum, daß der Verkäufer nicht mitgeteilt hatte, das Bewohnen einiger Kammern und die Benutzung des Schweinestalles seien polizeilich verboten.) — Vgl. auch RGZ. LXII Nr. 39 S. 151.

[28]) Die hier interessierenden Ausführungen lauten: „Von einer allgemeinen Offenbarungspflicht des Verkäufers darf nicht die Rede sein. Die Frage, ob ein arglistiges Verschweigen vorliegt, ist vielmehr nach den Verhältnissen des einzelnen Falles zu beantworten."

[29]) Die hier interessierenden Ausführungen lauten: „Zwar braucht das Verschweigen, um arglistig zu sein und die Grundlage einer arglistigen Täuschung im Sinne des § 123 BGB. abzugeben, kein Unterdrücken zu sein; es ist nicht notwendig, daß der Verschweigende einen Umstand verdeckt oder durch täuschende Mittel unkenntlich macht. Es reicht zu, ist aber auch notwendig, daß der Verschweigende etwas nicht sagt, dessen Mitteilung der andere Teil unter den gegebenen Umständen nach der Verkehrsauffassung erwarten darf. Nach der Verkehrsauffassung darf aber der Käufer von dem Verkäufer kein Offenbaren aller Umstände, die für seine — des Käufers — Entschließung erheblich sein können, erwarten; vielmehr ist nach den Verhältnissen des einzelnen Falles zu beurteilen, ob nach der Verkehrsauffassung der Käufer von dem Verkäufer das Offenbaren eines dem Verkäufer bekannten, dem Käufer unbekannten Umstandes, der für die Entscheidung des Käufers von Erheblichkeit sein konnte, erwarten durfte."

Ich beleuchte diese schwierige Frage noch durch zwei weitere Fälle:

Ich wende mich nunmehr der Frage zu, ob die S. 9 dieser Abhandlung getroffene Abgrenzung unseres Untersuchungsgebiets ausreicht, oder ob sie noch ergänzt werden muß. Sie bedarf noch der Ergänzung in zwiefacher Richtung:

1. Die Abhandlung begreift unter Anzeigepflicht sowohl die Verpflichtung zur „Anzeige", „Benachrichtigung", „Mitteilung" usw. als auch die Verpflichtung zur „Androhung", „Ankündigung", „Anmeldung" [30]).

2. Es scheiden für unsere Untersuchung alle Fälle aus, in denen die Verpflichtung zur Anzeige [31]) auf besonderer Parteivereinbarung beruht [32]).

---

a) Ein Student verlangt in der Buchhandlung Windscheids Pandekten, neueste Auflage. Der Buchhändler weiß, daß in einem Monat eine neue Auflage erscheinen wird. Muß er den Studenten hierauf aufmerksam machen?

b) Der Schriftsteller X bestellt bei seinem Buchhändler ein Werk. Der Buchhändler weiß aus seiner langen Geschäftsverbindung mit X, daß X immer nur die neuesten Auflagen verlangt und stets, sobald eine neue Auflage erscheint, die ältere Auflage zurückgibt. Muß der Buchhändler, der weiß, daß das von X bestellte Werk in einem Monat in neuer Auflage erscheinen wird, davon dem X Mitteilung machen?

[30]) Sie folgt hierin den früheren Untersuchungen, die sich mit der Anzeigepflicht beschäftigten. Vgl. Wendt, Unterlassungen und Versäumnisse im Bürgerlichen Recht, § 14, S. 128 fg., speziell S. 129; Krückmann, 182.

Vgl. sodann Ziffer II 1 dieser Abhandlung!

[31]) Die Abhandlung gebraucht den Ausdruck: Anzeige in einem weiteren Sinne als das BGB. (Vgl. BGB. §§ 149, 170, 374 II, 382, 409, 410 II, 478, 485, 545, 576, 650 II, 663, 665, 673, 681, 692, 694, 703, 727 II, 777, 789, 804 I, 965, 966 II, 971 II, 973, 1042, 1128, 1205 II, 1218 II, 1280, 1289, 1493 II, 1669, 1675, 1689, 1799, 1850, 1875, 1894, 1909 II, 2146, 2384). Sie bezeichnet mit Anzeige sowohl die „Anzeige" im Sinne des BGB. als auch die Benachrichtigung, Mitteilung, Androhung, Ankündigung usw. Vgl. S. 25 dieser Abhandlung!

Wo diese Abhandlung den Ausdruck: Anzeige als terminus technicus des BGB. gebraucht, deutet sie dies durch Anführungszeichen an.

[32]) Es scheiden also aus:

a) die Fälle, in denen ohne die besondere Parteivereinbarung eine Anzeigepflicht überhaupt nicht bestanden hätte;

b) die Fälle, in denen zwar das Gesetz eine Anzeigepflicht auferlegt, die Parteien aber bei **Begründung** des Rechts-(Schuld-)Verhältnisses eine von der gesetzlichen Anzeigepflichtregelung abweichende Regelung der Anzeigepflicht vereinbaren.

Über den Weg, welchen diese Abhandlung wählt, sei nur folgendes hervorgehoben:

Zunächst muß festgestellt werden, ob bzw. inwieweit über das Wesen der Anzeige[31]) und Anzeigepflicht, über die „Rechtserfordernisse"[33]), denen die Anzeigepflichtregelung gerecht werden will, die Voraussetzungen und Rechtsfolgen der Anzeigepflichtverletzung vollständige Klarheit und über die Auslegung der positiven Anzeigepflichtnormen unseres BGB., an die jede Erörterung über die S. 9 gestellte Frage anknüpfen muß, Übereinstimmung herrscht, ... müssen Lücken in den bisherigen Ergebnissen des Schrifttums und der Rechtsprechung ausgefüllt werden.

Erst dann ist die Frage: Erschöpfen die Anzeigepflichtbestimmungen unseres BGB. in dem durch das BGB. geregelten Privatrechtsteile die ganzen Anzeigepflichtfälle, oder sind darüber hinaus noch weitere Anzeigepflichtfälle anzunehmen? zu erörtern. Hierbei ist

a) festzustellen, ob die Annahme:

die Anzeigepflichtbestimmungen unseres BGB. erschöpfen in dem durch das BGB. geregelten Privatrechtsteile nicht die ganzen Anzeigepflichtfälle,

mit den positiven Bestimmungen unseres BGB. überhaupt vereinbar ist.

b) nachzuprüfen, ob, wenn die Frage sub a) zu bejahen ist, eine Ausweitung der gesetzlichen Anzeigepflichtregelung wünschenswert erscheint.

[Sie ist nur dann wünschenswert, wenn die Anzeigepflichtregelung ein „richtiges Mittel zu rechtem Zwecke"[34—35]) ist.]

c) Falls auch die Frage sub b) bejaht werden muß, zu untersuchen, inwieweit eine zweckmäßige Ausweitung der gesetzlichen Anzeigepflichtregelung möglich ist.

---

[33]) Kohler, Recht an Briefen, DJZ. XI 51 Note 1.

[34]) Stammler, 11. — Vgl. daselbst auch S. 1, 13, 14, 16, u. a.

[35]) Wäre doch, wenn sich die Anzeigepflichtregelung nicht als ein „richtiges Mittel zu rechtem Zwecke" erwiese, jede analoge Ausdehnung dieser Regelung abzulehnen.

Während die beiden ersten Fragen[36]) für das ganze BGB. beantwortet werden müssen, beschränkt sich die Abhandlung bezüglich der dritten Frage[37]) auf deren Erörterung für das Recht der Schuldverhältnisse. Solche Beschränkung meiner Aufgabe auf das Schuldrecht unseres BGB. erschien mir um so unbedenklicher, als die Anzeigepflicht gerade im Schuldrecht eine bedeutende Rolle spielt, und hier sich mir die reichste und günstigste Gelegenheit bot, unsere Frage für die verschiedenartigsten Fälle und Interessenlagen[38]) zu beantworten.

...... Der Versuch, die S. 9 und 18/19 dieser Abhandlung inhaltlich bestimmte Aufgabe zu lösen, erscheint gerade heute aussichtsvoll, weil einmal die neuesten Arbeiten, die sich mit

---

[36]) sub a und sub b.

[37]) sub c.

[38]) Die Mannigfaltigkeit der Interessenlagen sei hier zunächst noch an folgenden Fällen verdeutlicht:

a) Der mit Reparaturarbeiten beauftragte Dachdeckergeselle A bemerkt, daß ein Seil an dem Dachdeckergerüst ausgeschlissen ist. Er teilt seinem Meister hiervon nichts mit. Der Dachdeckergeselle B benutzt am andern Tage das Gerüst und stürzt, weil das ausgeschlissene Seil reißt, ab.

b) Der Gutsherr zeigt dem neu angenommenen Knechte nicht an, daß das Pferd schlägt, der Stier tückisch ist, der Hund beißt usw. und überträgt unter Vernachlässigung dieser Anzeigepflicht dem Knechte die Wartung der Tiere. Der Knecht wird tödlich verletzt.

[Krückmann, Verschuldensabrechnung und Gefährdungsaufrechnung. Ein Beitrag zur Lehre von der zivilrechtlichen Gesetzeskonkurrenz. Jhering J. LII 432.]

c) Rechtsfall 11. S. 15 dieser Abhandlung.

d) Der Rentner X bemerkt beim Vorübergehen an einem Neubau, daß das Gerüst aus dem Lot gewichen ist. Er macht dem ihm bekannten Unternehmer keine Mitteilung davon. Das Gerüst stürzt ein und mehrere Vorübergehende werden verletzt.

e) A wird von einem Räuber im Walde überfallen. Der Räuber will ihn totschlagen. Muß A dem Räuber erst noch zurufen, daß er sich durch seine (A) Tötung die Pflicht zur Unterstützung der besonders zahlreichen Nachkommen A.'s auf den Hals laden wird?

[v. Liszt, Die Deliktsobligationen im System des Bürgerlichen Gesetzbuchs. Kritische und dogmatische Randbemerkungen (1898), 84 und Staudinger-Kuhlenbeck, zu § 254 Anm. 4].

der Anzeige[39]) und Anzeigepflicht[40]) beschäftigten, tiefer als alle früheren Arbeiten in das Wesen der Anzeige und Anzeigepflicht eingedrungen sind, anderseits in dem Entwurf eines Gesetzes über den Versicherungsvertrag für einen anderen Privatrechtsteil eine mustergültige Regelung der Anzeigepflicht gelungen ist, ... eine Regelung, in der eine Reihe wichtiger allgemeiner Fragen aus dem Anzeigepflichtrecht ihre zutreffende endgültige Lösung gefunden haben[41]), ... eine Regelung, deren Ergebnisse selbstverständlich nicht (soweit dies überhaupt in Frage kommen könnte) ungeprüft verallgemeinert und für das BGB. übernommen werden dürfen, die aber für die Beantwortung unserer Frage mindestens starke Anregungen und wertvolle Gesichtspunkte bietet[42]). . . . . .

II. Anzeigepflicht.

Bei unserm Versuche: Begriff und Wesen der Anzeigepflicht, d. h. der Verpflichtung: einem anderen etwas „anzuzeigen", „mitzuteilen", „anzudrohen", „anzukündigen", jemanden zu „benachrichtigen" oder auf etwas „aufmerksam zu machen", „in Kenntnis

[39]) Genaue Literaturangaben finden sich in II 1 dieser Abhandlung. Hier sei nur auf die grundlegenden Ausführungen Manigks, Willenserklärung und Willensgeschäft, ihr Begriff und ihre Behandlung nach Bürgerlichem Gesetzbuch. Ein System der juristischen Handlungen (1907), S. 702 fg., 725 fg. hingewiesen.

[40]) Vgl. namentlich Kohler, Lehrbuch des Bürgerlichen Rechts, I 528, 539, 548. II 24/5, 64/5, 118, 167/8, 172, 174; Krückmann, Unmöglichkeit, 181 fg., 203 fg., 209, 233, 284 fg. (Vgl. zu diesem Buche: Staudinger-Kuhlenbeck, zu § 276 Anm. IV Note *) S. 121); Kiß, Zur Frage der sogenannten positiven Vertragsverletzungen, ArchBürgR. XXXI 189); Krückmann, Ihering J. LII 432, 453 Note 1.

[41]) Vgl. S. 35, 38/39, 63 fg. dieser Abhandlung.

[42]) Selbstverständlich habe ich — wenn sich auch diese Abhandlung nur die Erörterung der Anzeigepflicht im Schuldrecht des BGB.s zur Aufgabe stellt, — für alle Privatrechtsteile die Regelung der Anzeigepflicht durchgeprüft, um die ganze Geistesarbeit, die bislang der Anzeigepflichtregelung gewidmet wurde, für unsere Untersuchung fruchtbar zu machen.

zu setzen" usw. . . . . . . klarzulegen, beginnen wir mit der Feststellung des Wesens und Begriffs der (aus der Anzeigeverpflichtung geschuldeten) „Leistung für sich"[43]), der Anzeige[31]).

Folgende Fragen sind zu beantworten:

a) Ist die „Anzeige", „Androhung" usw. Rechtsgeschäft oder „Rechtshandlung im engeren Sinne"[44]) [„Vorstellungs-"[45]) bzw. „Willens-"[46]) Mitteilung]?

b) Wie weit gelten für die Anzeige, wenn die Frage sub a) dahin beantwortet werden muß: die Anzeige ist „Rechtshandlung im engeren Sinne", — die Rechtsgeschäftsgrundsätze?[47])

α) Was sagt hierüber das Gesetz?

β) Was ergeben allgemeine Erwägungen?

---

[43]) Zitelmann, Das Recht des Bürgerlichen Gesetzbuchs, I. Allgemeiner Teil, 129.

[44]) Dieser Kunstausdruck hat sich in der Wissenschaft eingebürgert. (Vgl. Enneccerus, I § 128 II; Zitelmann, der Wert eines „allgemeinen Teils" des bürgerlichen Rechts, Grünhuts Z. XXXIII 20/1; Dernburg, Bürgerliches Recht I § 108, Zitate daselbst; Manigk, a. a. O. 643 fg., der lebhaft und mit guten Gründen für die Beibehaltung des Kunstausdrucks: „Rechtshandlungen i. e. S." eintritt.)

M. E. empfiehlt es sich stets den Zusatz: „im engeren Sinne" hinzuzufügen, weil bekanntlich einzelne Reichsgesetze den Ausdruck „Rechtshandlungen" in einem weiteren, auch die Rechtsgeschäfte mitumfassenden Sinne gebrauchen. Vgl. z. B. KO. § 7 und dazu die eingehenden Ausführungen bei Jaeger, Kommentar zur Konkursordnung und den Einführungsgesetzen3/4, S. 100 fg. — Korrekt scheidet der Entwurf eines Gesetzes über den Versicherungsvertrag §§ 46, 47 zwischen „Geschäften" und „Rechtshandlungen".

Künftige Revisionen unserer Reichsgesetze müssen solche Ungenauigkeiten in der Terminologie beseitigen. Es wäre eine lohnende und verdienstvolle Arbeit, die zahlreichen Fehler in der Terminologie unserer Reichsgesetze zusammenzustellen.

[45]) Manigk 702; Zitate daselbst Note 816—818. Vgl. auch Note 64 dieser Abhandlung.

[46]) Manigk, 701, 725 fg., 738 fg.; vgl. auch Note 65 dieser Abhandlung.

[47]) Diese Frage zuerst klar gestellt zu haben, ist Zitelmanns Verdienst. Vgl. Zitelmann, die Rechtsgeschäfte im Entwurf eines Bürgerlichen Gesetzbuchs für das Deutsche Reich. Studien, Kritiken, Vorschläge. I 33; ders., das Recht des BGB. I 87. Eingehend erörtert sie neuestens Manigk, 702 fg., 725 fg., 738 fg.

Erst dann, wenn die „*Erfordernisse*“[48]) der *Anzeige*[49]) feststehen, kann nachgeprüft werden, ob bzw. inwieweit auf die *Anzeigeverpflichtung* — im Hinblick auf deren Inhalt — die ganzen Schuldrechtsnormen Anwendung finden können. Hierbei ist

a) Die *Entstehung* (Begründung) der Anzeigeverpflichtung darzustellen,

b) nachzuprüfen, inwieweit eine Anzeigeverpflichtung *Inhaltsänderungen* erleiden kann:

 α) durch Rechtsgeschäft, speziell Schuldabänderungsvertrag (BGB. § 305),

 β) durch Anzeigepflichtverletzung:

  αα) durch Unmöglichwerden,

  ββ) durch Verzug des Schuldners usw.

c) schließlich festzustellen, durch welche Erlöschensgründe die Anzeigeverpflichtung *untergehen* kann:

 Erfüllung,

 Unverschuldete nachträgliche Unmöglichkeit,

 Erlaß,

 Zweckerreichung usw.

. . . . . . Sind der Inhalt und die möglichen Entwicklungen und Schicksale der einzelnen Anzeigeverpflichtung als solcher klargestellt, so ist schließlich *das Verhältnis der einzelnen Anzeigeverpflichtung zu dem Rechts-(Schuld-)verhältnisse, aus dem sie fließt*[50]), zu erörtern. Hier münden diese Aus-

---

[48]) Ich gebrauche hier den Ausdruck „Erfordernisse“ als Kunstausdruck und zwar in dem Sinne, in dem Zitelmann, das Recht des BGB. I 92, von „Erfordernissen des Rechtsgeschäfts“ spricht.

[49]) Die Untersuchungen über Begriff und Wesen der Anzeige führen notwendigerweise über die Anzeige*pflicht*normen hinaus. Es sind auch die Normen unseres BGB. heranzuziehen, *die an eine Anzeige sonst irgendwelche Rechtsfolgen knüpfen.*

[50]) Kisch hat in der Besprechung von Titze, die Unmöglichkeit der Leistung nach deutschem bürgerlichen Recht, KrVJSchr. XLIV 521/2 in Kürze die Frage erörtert, wie sich eine Anzeigepflicht in den Fällen erklären lasse, in denen bereits die (Haupt-) Verpflichtung zur Bewirkung der geschuldeten Leistung — z. B. durch unverschuldete nachträgliche Unmöglichkeit (siehe Rechtsfall 2 S. 10 dieser Abhandlung!) — erloschen ist. Vgl. auch BGB. §§ 673, 727 II. Er bezweifelt, „ob die Anzeige eine Folge und Beweis des fortdauernden Schuld-

führungen in die Fragen ein, welche S. 18 fg. dieser Abhandlung gestellt wurden.

1. Anzeige.

Bezüglich der Terminologie[51]) kann ich mich auf einige kurze Bemerkungen beschränken.

Von einem Streben des Gesetzgebers nach „straffer Sicherheit der Terminologie, also Bezeichnung gleicher Dinge durch gleiche Worte und Festhalten des gewählten Sprachgebrauchs"[52]) ist bei den zahlreichen Normen unseres BGB., die eine Anzeigepflicht auferlegen oder sonst irgendwelche Rechtsfolgen an eine Anzeige knüpfen, nichts zu bemerken. Es begegnen uns vielmehr für ein und denselben Begriff — typisch ist BGB. § 1099[53])! — ver-

---

verhältnisses ist, oder ob die Anzeige nicht gerade darauf gerichtet ist, daß das Schuldverhältnis infolge der Unmöglichkeit nunmehr beendigt ist".

Die Fragestellung bei Kisch ist unklar, und darum sind seine Ergebnisse unrichtig. Es kommt doch nur darauf an, was die causa der Verpflichtung zur Anzeige ist. Causa der Anzeigeverpflichtung kann aber doch nur das zwischen den Parteien bestehende und fortbestehende Schuldverhältnis sein.

Im Hinblick auf die Ergebnisse der neuesten Literatur (Oertmann, S. 2, 212; Staudinger-Kuhlenbeck, S. 4; Zitelmann, Grundriß zu Vorlesungen über Bürgerliches Recht I und II S. 3), die scharf die Notwendigkeit einer Scheidung zwischen Einzelforderung und zusammengesetztem Schuldverhältnis, zwischen Erlöschensgründen der Einzelforderung und Erlöschensgründen des zusammengesetzten Schuldverhältnisses betont, glaube ich mich mit der kurzen Bemerkung begnügen zu dürfen, daß in allen in Frage stehenden Fällen ein zusammengesetztes Schuldverhältnis vorliegt, aus dem die Ansprüche auf Leistung ... Anzeige ... event. Schadensersatz wegen Anzeigepflichtverletzung fließen, ein zusammengesetztes Schuldverhältnis, das erst dann zusammenbricht, wenn alle diese aus ihm fließenden Einzelforderungen erloschen sind.

[51]) Über die Mängel der Terminologie unseres BGB. im allgemeinen vgl. die verdienstvollen Ausführungen Kohlers, Technik der Gesetzgebung, ArchCivPrax. XCVI 350, 353/4, 358—360, 362, 366, 368. Die dort gerügten Mängel sind allerdings entfernt nicht die einzigen. Ich erinnere hier nur noch daran, daß das BGB. den Kunstausdruck: „Anfechtung" in zwiefachem Sinne gebraucht. Vgl. einerseits BGB. §§ 119—125, anderseits z. B. BGB. §§ 62 II, 115 II, 1956, 2340.

Was ich Note 44 dieser Abhandlung bezüglich der Terminologie der Nebengesetze ausführte, gilt auch für das BGB.

[52]) Zitelmann, die Kunst der Gesetzgebung (1904), 16.

schiedene Bezeichnungen. Und wenn auch aus dieser Ungenauigkeit der Terminologie keine Gefahr für die Gesetzesauslegung entstehen kann, weil die sämtlichen Bezeichnungen der Sprache des täglichen Lebens entnommen und nicht mißzuverstehen sind, so ist sie doch als Kunstfehler zu beklagen.

Das BGB. kennt folgende Bezeichnungen[54]):

a) „Anzeige": Vgl. die Angaben Note 31 dieser Abhandlung.
b) „Benachrichtigung": BGB. §§ 384 II III, 411, 416 III, 1099 II, 1166, 1220 II III, 1237, 1241, 1285 II, 2035 II.
c) „Mitteilung": BGB. §§ 50 II, 63, 143 IV, 171 I, 172 I, 415 I, 416, 510, 571 II, 639 II, 658 I, 792 II, 824 II, 1070 II, 1099 I, 1342 II, 1448 III, 1491 I, 1492 I, 1577 III, 1597 II, 1829 I II, 1830, 1851, 1999, 2081 II, 2129 II („ein Verzeichnis mitteilen": BGB. §§ 2121, 2215), 2281 II.
d) „in Kenntnis setzen": BGB. §§ 111, 174, 1881 I.
e) „auf etwas aufmerksam machen": BGB. § 254 II.
f) „Kundgebung": BGB. § 171.
g) „sich melden": BGB. §§ 52, 382, 1171 III.
h) „Anmeldungen": BGB. §§ 59, 67, 74 II, 209, 973 I, 974, 980 I, 981 II, 1974, 2061 I.
i) „Ankündigung": BGB. § 299.
k) „Androhung": BGB. §§ 303, 384 I III, 1220 I III, 1231[55]).

---

[53]) „Gelangt das Grundstück in das Eigentum eines Dritten, so kann dieser in gleicher Weise wie der Verpflichtete dem Berechtigten den Inhalt des Kaufvertrags mit der im § 510 Abs. 2 bestimmten Wirkung mitteilen. Der Verpflichtete hat den neuen Eigentümer zu benachrichtigen, sobald die Ausübung des Vorkaufsrechts erfolgt oder ausgeschlossen ist."

[54]) Diese Bezeichnungen des BGB. kehren in den andern Reichsprivatrechtsgesetzen wieder. Hier finden sich allerdings auch noch andere Bezeichnungen, z. B.: „Nachricht geben" (HGB. §§ 373 V, 388 I), „in Kenntnis erhalten" (HGB. § 534 II) usw.

[55]) Außer den oben zitierten Bestimmungen unseres BGB. kommen für unsere Untersuchung noch die §§ 172, 405, 409 BGB. in Betracht.

...... Die Anzeigen sind ausnahmslos „Rechtshandlungen i. e. S." nicht Rechtsgeschäfte[56]). Denn die

---

[56]) In der Literatur herrscht bezüglich der Frage nach der rechtlichen Natur der Anzeigen eine außerordentliche Unsicherheit. Liegt auch eine erschöpfende Behandlung dieser Frage nicht im Plane der vorliegenden Untersuchung, so glaubte ich doch — um völlig freie Bahn auch für meine weiteren Erörterungen zu haben, — nicht an diesen Zweifeln und Unsicherheiten im Schrifttum einfach vorübergehen zu dürfen, sondern in Kürze die eigene Auffassung in bezug auf die richtige Lösung der bestehenden Schwierigkeiten kennzeichnen zu müssen.

Die Auffassung des Textes von der Natur der Anzeigen vertreten: Zitelmann, das Recht des BGB., I, 87, 94, 95c, α, 3; Manigk, 96, 643 fg., 701 fg., 725 fg.; Fischer-Henle, Bürgerliches Gesetzbuch[7], Anm. *) vor § 104, Anm. 2 zu § 478, Anm. 6 zu § 777; Enneccerus, I § 128 Ziffer II 2, (S. 322); Oertmann[2], Recht der Schuldverhältnisse, vgl. z. B.: Anm. 2 zu § 374, Anm. 2 zu § 384, Anm. 5 zu § 409, Anm. 2 zu § 478, Anm. 2 zu § 545; vgl. auch Oertmann, Allgemeiner Teil, zweite vollständig umgearbeitete Auflage des Kommentars von Karl Gareis S. 295 Ziffer I 1.

Von den abweichenden Auffassungen — ich nehme hier selbstverständlich nur zu solchen Meinungsäußerungen Stellung, die nicht lediglich einem persönlichen zufälligen Empfinden entsprossen, sondern aus einer tiefer eindringenden theoretischen Überlegung über die Frage nach der rechtlichen Natur der Anzeigen geflossen sind, — interessieren hier nur zwei:

a) Es findet sich die Behauptung: alle Anzeigen sind einseitige Rechtsgeschäfte.

Vgl. z. B.: Bekker, Sprachliches und Sachliches zum BGB. Jhering J. XLIX 49; RG. I 12. Okt. 1907. JW. 07 S. 831 Nr. 8; Zitate daselbst.

b) Es wird gelehrt: der Grundsatz, die Anzeigen sind „Rechtshandlungen i. e. S"., leidet Ausnahmen. Als rechtsgeschäftliche Anzeigen werden genannt:

1. die Mängelanzeigen (BGB. §§ 478, 485; HGB. § 377).

Literatur: Dernburg, Erhaltung der Einreden wegen Mängel mittels Anzeige des Käufers nach § 478 BGB., Recht VII (1903) 137/8; Dernburg, Bürgerliches Recht I[3] § 108 Note 11 (S. 372), Zitate daselbst; II 2[3] § 189 Note 19 (S. 90), Zitate daselbst; Kohler, Lehrbuch des bürgerlichen Rechts I 539 Note 1 (?); Planck II[3] zu § 478 Anm. 3a zu α); Staudinger II a (Kober) [3/4], zu § 478 Anm. 3 zu a, α); Lehmann, Lehrbuch des Handelsrechts (1908), S. 713.

2. Die Anzeigen an den Zeitbürgen aus BGB. § 777.

Literatur: Kipp, Rechtswahrnehmung und Reurecht, in der Festgabe der Jur. Gesellschaft zu Berlin für Koch, 110: „eine Willenserklärung obwohl im Gewande einer Anzeige" (vgl. auch S. 118); Crome, System, II S. 890 Note 30; Planck, II[3] zu § 777 Anm. 4b; Staudinger, IIb, (Engelmann)[2], zu § 777 Anm. 2.

Zur Auffassung a.

Rechtswirkungen, welche sie hervorrufen, beruhen niemals auf einem Akte der Privatautonomie des Anzeigenden[57—58]), sie treten „viel-

Weil die Ergebnisse über das Wesen des Rechtsgeschäfts (vgl. Zitelmann, das Recht des BGB. I 100; Enneccerus, I §§ 128, 136; Manigk, 639, 643) heute als sicher bezeichnet werden können, bietet der Nachweis, daß jedenfalls eine Reihe von Anzeigen nicht Rechtsgeschäfte sind — und damit fällt ja bereits die Auffassung a zusammen — keine Schwierigkeiten.

Man nehme die Anzeige des hinterlegenden Schuldners aus BGB. § 374 oder die des Mieters aus § 545 I BGB., oder die Androhung in den durch BGB. § 384 geregelten Fällen! Betrachtet man diese Anzeigen als „Leistung für sich", scharf getrennt von der causa solvendi, so zeigt sich, daß sich die ganzen Wirkungen dieser Anzeigen in der Erzeugung von psychischen Effekten beim Anzeigeadressaten (in einer „Einwirkung auf die Vorstellungswelt des Anzeigeempfängers" [Manigk, 703] eventuell einer Pression auf dessen Willen [Manigk, 726]) also einem tatsächlichen Effekt erschöpfen, daß fernerhin alle Rechtsfolgen, die an diese Anzeigen geknüpft sind (BGB. §§ 374 II, 382, 384, 545 II), ex lege eintreten, gleichviel, ob der Anzeigende sie wollte oder nicht, ob „der Inhalt (der Anzeigen) von einer gewollten Rechtsfolge etwas spricht oder nicht" (Enneccerus, I § 128 II Ziffer 2 [S. 322].)

Folglich können diese Anzeigen niemals Willenserklärungen (Rechtsgeschäfte), sondern nur „Rechtshandlungen i. e. S." sein.

Zur Auffassung b.

Gegen die Auffassung, die Mängelanzeigen seien Rechtsgeschäfte, haben sich bereits Neumann, Handausgabe des Bürgerlichen Gesetzbuchs[4], zu § 478 Anm. 2; Kipp, a. a. O. 115; Enneccerus, I § 128 II Ziffer 2; Oertmann, zu § 478 Anm. 2 ausgesprochen. Sieht man schärfer zu, so zeigt sich, daß es sich auch hier nur um die Mitteilung einer Vorstellung, eines Urteils (Zitelmann, das Recht des BGB. I 95; Manigk, 96, 703) handelt, eine Mitteilung, deren Wirkungen sich darin erschöpfen, dem Verkäufer die Kenntnis von dem Mangel zu verschaffen, also in dem Anzeigeempfänger von einer rechtserheblichen Tatsache eine bestimmte Vorstellung zu erzeugen, . . . daß die ganzen Rechtsfolgen der Mängelanzeigen ex lege eintreten, gleichviel ob sie der anzeigende Käufer herbeiführen wollte oder nicht.

Das gleiche gilt — Kipps Behauptung entgegen — für BGB. § 777. Hier ist die Anzeige „Willensmitteilung" (Manigk, 701, 725 fg.) nicht Willenserklärung. Auch hier treten die Rechtsfolgen ex lege ein, unabhängig davon, ob der anzeigende Gläubiger sie so wollte oder nicht.

. . . Eine Nachprüfung für die ganzen S. 25 dieser Abhandlung angeführten Anzeigen ergibt, daß es sich bei diesen Anzeigen stets nur um „Rechtshandlungen i. e. S.", niemals aber um Rechtsgeschäfte handelt.

[57]) Nur dann könnte ja — hierüber ist man sich heute (vgl. Manigk, 639) im Schrifttum einig, — von einem Rechtsgeschäft die Rede sein.

[58]) Hierauf wurde bereits von Zitelmann, die Rechtsgeschäfte im Entwurf, 1 33 Note 34 hingewiesen. Vgl. nunmehr auch Manigk, 701. Weitere

mehr rein ex lege und ungewollt ein"[59]). Im System der „Rechtshandlungen i. e. S." gehören sie zu der Gruppe der „Mitteilungen"[60]), d. h. jener „Rechtshandlungen i. e. S."[61]), denen „die Kundgebung einer Vorstellung, eines Urteils oder einer Überzeugung, anderseits eines Willensinhalts seitens eines Subjekts an ein anderes wesentlich ist"[62]). Weil wir seit Manigks Untersuchung wissen, daß die Gruppe der „Mitteilungen" — [dies kam ja bereits in der aus Manigks Buche übernommenen Begriffsbestimmung der „Mitteilungen" zum Ausdruck] — nochmals in die zwei Unterabteilungen: „Vorstellungsmitteilungen"[63—64])

Literaturangaben finden sich bei Crome, System 1 § 72 Noten *) und 4, und bei Manigk, 701 fg.

[59]) Manigk, 701.

[60]) Vgl. hierüber Manigk, § 172 (S. 701/2). Seine Terminologie wird für diese Abhandlung übernommen.

[61]) Die Ausführungen Bekkers, Jhering J. XLIX 49: „Diese Anzeigen sind keine indifferenten Mitteilungen..." übersehen, daß die von Bekker a. a. O. bekämpfte, auch in dieser Abhandlung vertretene Auffassung bereits dadurch, daß sie die Anzeigen als „Rechtshandlungen i. e. S." charakterisiert, zum Ausdruck bringt, daß es sich bei diesen Anzeigen nicht um rechtlich indifferente, sondern um rechtlich relevante Mitteilungen handelt.

[62]) Manigk, 701. — Ich verweise auch auf Enneccerus, I § 128 II Ziffer 2 S. 322.

[63]) Darüber, welche Mitteilungen zu den Vorstellungsmitteilungen zu rechnen sind, vgl. Manigk, 703.

[64]) Der Kunstausdruck „Vorstellungsmitteilungen" findet sich bei Zitelmann, die Rechtsgeschäfte im Entwurf I 33; ders., das Recht des BGB. I 87, 94, 95. — Crome, I § 72 Note 4 hat diesen Kunstausdruck als „zu abstrakt" abgelehnt; er selbst spricht von „Erklärungen zur Kenntnisnahme". — Gegen Crome a. a. O. wendet sich wiederum Manigk, 702, speziell Note 816.

Seitdem Manigk klargestellt hat, daß die große Gruppe der „Mitteilungen" in zwei Unterabteilungen zerfällt, scheint mir der Kunstausdruck: „Vorstellungsmitteilungen" als Bezeichnung der einen Unterabteilung einwandfrei, ja, weil er den Gegensatz zu den „Willensmitteilungen" klar zum Ausdruck bringt, unentbehrlich zu sein. (Siehe auch Manigk, 702 erste Zeilen!).

Sodann hat dieser Kunstausdruck den Vorzug, auch vom Standpunkte der Philosophie aus betrachtet, vollständig exakt zu sein, denn er zeigt sofort deutlich an, daß durch diese Mitteilungen stets nur Vorstellungen über gewisse Vorgänge und Geschehnisse der Vergangenheit oder Gegenwart kundgegeben werden können, daß die Sicherheit und Genauigkeit dieser Mitteilungen also stets von der geringeren oder größeren Deutlichkeit und Sicherheit der Vorstellungen des Mit-

und „Willensmitteilungen“[65]) zerfällt, so muß hier zunächst noch die weitere Frage aufgeworfen werden, ob die Anzeigen[66]) uns in beiden Unterabteilungen der Gruppe „Mitteilungen“ begegnen, oder ob sie nur einer der beiden Unterabteilungen angehören. Sie ist dahin zu beantworten, daß die „Ankündigungen“[67]), „Anmeldungen“[67]), „Androhungen“[67]) lediglich der Unterabteilung: „Willensmitteilungen“[68]) angehören, daß uns hingegen alle übrigen Anzeigen in beiden Unterabteilungen: „Vorstellungs“- und „Willensmitteilungen“ begegnen[69]).

Handelt es sich bei den Anzeigen nicht um Rechtsgeschäfte, sondern um „Rechtshandlungen i. e. S.“, so erhebt sich sofort die schwierige Frage nach den „Erfordernissen“ der Anzeigen, m. a. W. die Frage nach den gesamten Momenten, welche den Tatbestand einer Anzeige bilden[70]).

...... Bekanntlich hat das BGB. für die „Rechtshandlungen i. e. S.“, weil es zur Zeit der Abfassung unseres BGB. an jeder tiefer eindringenden wissenschaftlichen Durcharbeitung dieses Gebiets fehlte, und man folglich nicht klar überschauen konnte, wieweit eine analoge Anwendung der Rechtsgeschäftsnormen auf die „Rechtshandlungen i. e. S.“ möglich sei, und inwieweit diese „Rechtshandlungen i. e. S.“ (mit Rücksicht auf ihre abweichende Natur) unter besonderen Normen stehen müssen[71—72]), ... keine

---

teilenden von den vorliegenden Tatsachen abhängen. (Vgl. hierzu Manigk, § 173 S. 702!).

65) Darüber, welche Mitteilungen zu den „Willensmitteilungen“ (Mitteilungen eines Wollens, einer Absicht [Manigk, 701]) zu rechnen sind, vgl. Manigk, 726.

66) Vgl. S. 25 dieser Abhandlung.

67) Vgl. S. 25 dieser Abhandlung.

68) So auch Manigk, 726.

69) Manigk, S. 726 § 184 erste Zeilen.

70) Ich spreche hier in dem Sinne von den „gesamten Momenten, welche den Tatbestand einer Anzeige bilden,“ in dem Zitelmann, das Recht des BGB., I 92, III 1 (weitere Zitate daselbst!) von den „gesamten Momenten eines Tatbestandes, in dem eine Willenserklärung vorkommt“ spricht.

71) Daß eine vollständige Übertragung der Rechtsgeschäftsnormen auf die Anzeigen nicht möglich ist, hat allen eingeleuchtet und ist heute sicheres Ergebnis. (Vgl. Zitelmann, die Rechtsgeschäfte im Entwurf, I 34; Enneccerus,

allgemeinen Regeln, etwa der Regelung der Rechtsgeschäfte entsprechend aufgestellt. Es hat sich vielmehr damit begnügt, einzelne dürftige Bestimmungen zu geben, im übrigen aber die Ausfüllung dieser Lücke der Wissenschaft überlassen.

Darum muß diese Untersuchung

a) zunächst feststellen, welche Bestimmungen des BGB. „Erfordernisse" der Anzeigen regeln?

b) sodann, weil diese Regelung vollständig unzureichend ist, die Frage beantworten:

Ist es der Wissenschaft gelungen, diese Lücke unseres Gesetzes auszufüllen? Hat sie, ausgehend von der Regelung der Rechtsgeschäfte (speziell der einseitigen Rechtsgeschäfte)[73]), unter Berücksichtigung der abweichenden Natur der Anzeigen, zweifelsfrei für die einzelnen[74]) Anzeigen die gesamten Momente, welche den Tatbestand der (rechtserheblichen) Anzeige bilden, bestimmt, eine Regelung der Anzeige aufgestellt, die an Vollständigkeit und Geschlossenheit der Regelung der Rechtsgeschäfte gleichkommt?

Zu a.

In Betracht kommen

1. α) Die §§ 149 Satz 2, 478 (639 I), 485 BGB. („anzeigt oder die Anzeige an ihn absendet"!). Darüber, wie diese Bestimmungen zu verstehen sind[75]), wird gestritten. Ich verweise auf S. 34—40 dieser Abhandlung.

β) § 382 (374 II) BGB.: „... Empfang der Anzeige von der Hinterlegung ....."

I § 128 II Ziffer 2 Abs. 2 letzte 7 Zeilen; und namentlich Manigk, 701 fg., 725 fg.

[72]) Vgl. auch Zitelmann, Grünhuts Z. XXXIII 20/1.

[73]) Darüber, daß jeder Versuch der Wissenschaft, eine Regelung der Anzeigen aufzustellen, an die Regelung der Rechtsgeschäfte (speziell der einseitigen Rechtsgeschäfte) anknüpfen muß, herrscht heute Übereinstimmung. Bietet uns doch die Rechtsgeschäftsregelung die ganzen notwendigen Anknüpfungspunkte für eine erschöpfende Fragestellung.

[74]) Es ist ein sicheres Ergebnis des neuesten Schrifttums, daß die „Erfordernisse" der einzelnen Anzeigen verschieden sind.

[75]) Vgl. zunächst Zitelmann, das Recht des BGB., I 95; Oertmann, zu § 478 Anm. 2 S. 401 (oben); Bekker, a. a. O. 48 Note 12; Manigk, 339 fg., 708.

2. Einige Formvorschriften[76]):

α) Schriftform: BGB. §§ 411, 416 II, Satz 2, — auch BGB. §§ 2121, 2215.

β) Öffentlich-beglaubigte Erklärung: BGB. §§ 67 I, 74 II (77).

γ) Form der Mitteilung der Behörden (des Vormundschaftsgerichts, Nachlaßgerichts usw. — vgl. auch BGB. §§ 1070 II, 2129 II)[77]).

3. Vorschriften über die Zurücknahme von Anzeigen: BGB. §§ 409 II, 576 II.

Zu b.

Hier mußte ich es mir — sollten die Erörterungen über den Vorbegriff: Anzeige nicht unverhältnismäßig anschwellen, — versagen, zu den für diese Abhandlung in Betracht kommenden Ergebnissen des Schrifttums[78]) eingehend Stellung zu nehmen, mich vielmehr darauf beschränken, in Kürze diese Ergebnisse zu charakterisieren, um dann die eigene Auffassung in bezug auf die „Erfordernisse" der Anzeigen zu kennzeichnen. . . . . . .

---

[76]) Keine Formvorschriften enthalten die Normen unseres BGB.s, welche die Verpflichtung einer „besonderen Mitteilung", „besonderen Benachrichtigung" (BGB. §§ 50 II, 1237) auferlegen oder als Wirksamkeitsvoraussetzung für eine Anzeige (Kundmachung) eine „besondere Mitteilung" an den Anzeigeadressaten (BGB. § 658 I Satz 2) verlangen. Vgl. zunächst v. Seeler, Vollmacht und Scheinvollmacht, ArchBürgR. XXVIII 51 und Staudinger, BGB. I (Riezler, Allgemeiner Teil)$^{3}/^{4}$, zu §§ 171/2 Anm. 4 S. 544.

— Bedeutung der freiwillig gewählten Form für Anzeigen (Kundmachungen): BGB. §§ 171 („öffentliche Bekanntmachung"), 410 II.

— Darüber, ob die Parteien bei Begründung des Schuldverhältnisses oder nach der Entstehung des Schuldverhältnisses durch Schuldabänderungsvertrag (BGB. § 305) vereinbaren können, statt der vom Gesetz verlangten formellen Anzeige solle für sie bereits die formlose Anzeige genügen, vgl. II 2 dieser Abhandlung.

[77]) Diese Formvorschriften interessieren hier nicht.

[78]) Da die vorliegende Abhandlung die Anzeigen ausnahmslos als „Rechtshandlungen i. e. S." auffaßt, so scheiden selbstverständlich für unsere weitere Untersuchung alle Meinungsäußerungen des Schrifttums aus, welche im Gegensatze zu der vorliegenden Abhandlung die Vorfrage nach der rechtlichen Natur der Anzeigen dahin beantworten, daß die Anzeigen Rechtsgeschäfte sind.

...... Von einer abschließenden Beantwortung der Frage nach den „Erfordernissen" der Anzeigen (einer abschließenden Regelung der Anzeigen) kann heute noch nicht die Rede sein[79]). Schon allein deshalb nicht, weil zurzeit noch nicht das ganze Anzeigepflichtgebiet bekannt ist, also die Nachprüfung der „Erfordernisse" für eine Reihe von Anzeigen noch aussteht[80]). Auch wurde (möchte ich glauben) bislang — und darum sind eine Reihe von Ergebnissen nicht ganz klar und einwandfrei, — bei den aus einer Anzeigeverpflichtung geschuldeten Anzeigen nicht genügend berücksichtigt, daß die „Erfordernisse" dieser Anzeigen nur an der Anzeige als „Leistung für sich"[81]) festgestellt werden können. Jedenfalls verdanken wir aber dem neuesten Schrifttum, welches sich mit den „Rechtshandlungen i. e. S." oder gar speziell mit den „Mitteilungen" (Anzeigen) beschäftigte, insbesondere Manigks[82]) grundlegender Untersuchung eine erhebliche Förderung der Lehre von den Anzeigeerfordernissen.

Die Darstellung der „Erfordernisse" der Anzeigen beginnt mit der Darstellung der einzelnen Begriffsmomente der Anzeigen.

Wo das BGB. von „Anzeigen", „Mitteilungen", „Benachrichtigungen", „Androhungen" usw. spricht, erfordert es Wille und Erklärung des Anzeigenden[83]), „ist der Akt der Anzeige Tatbestandserfordernis"[84–85]). Der Anzeigende muß den Willen zur Erklärungstätigkeit haben. Er muß mit der Anzeige in dem An-

---

79) Vgl. Manigk. § 175 (erste Zeilen); ferner Hedemann, ArchBürgR. XXXI 338/9.

80) Vgl. III 2 der Abhandlung.

81) Vgl. Note 43.

82) A. a. O. 643—742, speziell 701 fg., 725 fg.

83) Über die schwierige Frage, unter welchen Voraussetzungen Anzeigeverpflichtungen durch „Zweckerreichung" (also deshalb, weil bereits der Effekt, den die geschuldete Mitteilungshandlung beim Erklärungsempfänger (Note 86!) erzeugen sollte, auf eine andere Weise gleich günstig zustande gekommen ist) erlöschen können, vgl. II 2 dieser Abhandlung.

84) Manigk, 707.

85) Indem diese Abhandlung bereits in den vorhergehenden Ausführungen die Anzeigen als „Rechtshandlungen i. e. S." charakterisierte, brachte sie dieses Erfordernis (vgl. auch Manigk, 652 fg., 706) klar zum Ausdruck.

zeigeadressaten eine bestimmte Vorstellung: daß etwas sei oder nicht sei usw. hervorrufen wollen. Er muß die Erklärungshandlung (Anzeige) vornehmen.

Dieses „Erfordernis" tritt besonders deutlich in BGB. § 571 II („Erlangt der Mieter von dem Übergange des Eigentums durch Mitteilung des Vermieters Kenntnis ......") hervor, sodann auch dadurch, daß das BGB. dort, wo es ihm nicht auf die Tätigkeit des mitteilenden Subjekts, sondern nur auf den Effekt, den die Mitteilungshandlung verursachen soll, der aber auch auf andere Weise als durch Mitteilung des Anzeigenden zustande kommen kann, ... also auf ein Wissen, eine Kenntnis des Erklärungsempfängers[86]) in einem bestimmten Zeitpunkte ankommt, ... besonders hervorhebt, daß es gleichgültig ist, ob der Effekt des Wissens des Erklärungsempfängers[86]), an den die Rechtsordnung Rechtsfolgen knüpft, durch eine Mitteilungshandlung hervorgerufen wurde, oder ob er auf andere Weise zustande gekommen ist. Ich verweise auf BGB. §§ 694, 973 I, 974, 1070 II, 1974 I, 2061 I Satz 2, 2129 II[87—88—89]).

---

[86]) Erklärungsempfänger = der, welcher in dem Falle, daß die Anzeige erfolgt, Anzeigeadressat ist.

[87]) In Betracht kommen folgende Sätze:

§ 694: „daß er sie ...... angezeigt oder dieser sie ohne Anzeige gekannt hat."

§ 973 I: „es sei denn, daß vorher ein Empfangsberechtigter dem Finder bekannt geworden ist oder sein Recht ..... angemeldet hat."

§ 974: „Sind .... bekannt geworden oder haben .... angemeldet."

§ 1070 II: „wenn er von der getroffenen Anordnung Kenntnis erlangt oder wenn ihm eine Mitteilung von der Anordnung zugestellt wird."

§ 1974 I: „es sei denn, daß die Forderung ... bekannt geworden oder ... angemeldet worden ist."

§ 2061 I Satz 2: „soweit nicht ... die Anmeldung erfolgt ... oder die Forderung ... bekannt ist."

§ 2129 II wie § 1070 II.

[88]) Vgl. auch BGB. § 407 einerseits, § 409 anderseits, und dazu Maugk, 706.

[89]) Selbstverständlich gehören nicht hierher die §§ 415 I, 510 I Satz 2, 1099 I, 2146 I Satz 2, 2384 I Satz 2 BGB., § 25 HGB., welche bestimmen, daß die Anzeige des einen durch die Anzeige des anderen ersetzt wird. Denn hier wird immer eine Anzeige verlangt; ebensowenig die §§ 172 I, 409 I.

Es erhebt sich nun sofort die weitere ebenso wichtige wie schwierige Frage:

Macht das Gesetz, welches überall dort, wo es von „Anzeigen", „Mitteilungen", „Benachrichtigungen" usw. spricht, eine Erklärungstätigkeit des Anzeigenden erfordert, den Eintritt der Legalwirkungen der Anzeigen weiterhin noch davon abhängig, daß die Anzeige zur Kenntnis des Anzeigeadressaten gelangt ist[90]),

oder begnügt es sich damit: ein Zugehen der Anzeige ohne Rücksicht auf Kenntnisnahme des Anzeigeadressaten zu verlangen[91]),

oder treten schließlich — wenigstens bei einzelnen Anzeigen [vgl. zunächst die durch BGB. §§ 149 Satz 2, 478 (639 I), 485 geregelten Fälle!] — die an diese Anzeigen geknüpften Rechtsfolgen bereits dann ein, wenn die Anzeige abgesandt wurde, gleichviel ob diese Anzeige nicht rechtzeitig[92]) oder gar überhaupt nicht bei dem Anzeigeadressaten eingetroffen ist[93]), also auch bei „unzugegangener"[94]) Anzeige?[95—96]).

---

792 II, BGB.; denn auch hier ist stets eine Anzeige (eventuell durch die Vorlegung der Urkunde vermittelt [Schollmeyer, Recht der Schuldverhältnisse, Erste Hälfte, zu § 409 Anm. 3 letzter Absatz; Manigk, 705]) erforderlich.

[90]) Dies behauptet für einzelne Anzeigen unseres BGB. Bekker, a. a. O. 5 fg., 38 fg., 46 fg., 49 fg.

[91]) Vgl. Mot. I, 139; Manigk, 707/8, 738/9.

[92]) Also z. B. in den durch BGB. § 478 geregelten Fällen nach der Verjährung des Anspruchs auf Wandelung oder Minderung.

[93]) Vgl. hierüber einerseits Schönfeld, Über die Mängelanzeigen im beiderseitigen Handelsverkehre, Recht VII (1903) S. 288; Oertmann, zu § 478 Anm. 2 S. 401 erste Zeile; Bekker, a. a. O. 47/48 (Note 12!), Zitate daselbst; Staubs, Kommentar zum Handelsgesetzbuch[8], II zu § 377 Anm. 26 (S. 1610); anderseits z. B. Staudinger, BGB. I (Riezler, Allgemeiner Teil)[3/4], zu § 121 Anm. 4.

[94]) Bekker, a. a. O. 50. — Zitelmann, Recht des BGB. I 95 und ihm folgend Oertmann, zu § 478 Anm. 2 (S. 401 oben) sprechen von „richtungsbedürftiger" Anzeige.

[95]) Die oben (Text!) gestellte Frage, ob, bzw. wann die Anzeige vernehmungs-, empfangs- oder richtungsbedürftig ist, wird in den folgenden Ausführungen nur für die Anzeige unter Abwesenden und die (vollständig gleich zu behandelnde) schriftliche Anzeige unter Anwesenden (Oertmann, Zugehen und Vernehmen, Recht X 726) erörtert.

Weil die Anzeigen gleich den Willenserklärungen, dem Kundgebungszwecke[97]) dienen, und weil bezüglich des hier erheblichen Punktes die Interessenlagen bei den Willenserklärungen und den Anzeigen identisch sind — (der Erklärende wie der Anzeigende sind für das beim Gegner erzeugte Vertrauen verantwortlich!)[98]) — ...... so kann, ... von der positiven Entscheidung des § 382 BGB. für die Anzeige des hinterlegenden Schuldners, der Regelung unserer Frage durch die §§ 10 I, 25 II, 28 I, 99 I, 104 Satz 2, 114 II des Entwurfs eines Gesetzes über den Versicherungsvertrag ganz abgesehen, ... kein Zweifel darüber bestehen, daß § 130 BGB. auf die Anzeigen analog angewandt werden muß, mithin die von der Rechtsordnung an die Anzeigen geknüpften Rechtsfolgen — jedenfalls in der Regel — mit dem Zugang der Anzeige ohne Rücksicht auf Kenntnisnahme durch den Anzeigeadressaten eintreten.

Daher dreht sich denn auch der bereits in der Fragestellung auf S. 34 dieser Abhandlung angedeutete Meinungsstreit im Schrifttum lediglich um die Frage:

Für die mündlichen Anzeigen unter Anwesenden muß (vgl. Zitelmann, das Recht des BGB. I 96; Oertmann, Zugehen und Vernehmen, Recht X [1906] 721—727; genaue Literaturnachweise daselbst) an einer strikten Vernehmungstheorie festgehalten werden. Der Anzeigeadressat muß die Anzeige vernommen haben.

Die Ausführungen Oertmanns, a. a. O. 726/7 über die mündlichen Erklärungen unter Abwesenden gelten auch für die Anzeige. Eine gegenüber einem Hausgenossen abgegebene mündliche Anzeige muß man nicht gegen sich gelten lassen. Vgl. auch Kohler, Lehrbuch des Bürgerlichen Rechts I 500.

[96]) Die Frage, ob, falls es sich bei den Anzeigen um empfangsbedürftige Erklärungen handelt, nur die Richtung der empfangsbedürftigen Anzeige an den Gegner oder auch der Empfang Begriffsmoment der Anzeige ist (vgl. Zitelmann, das Recht des BGB. I S. 92 III 2 α β und b; Oertmann, Recht X 723—724 [Zitate daselbst]; Manigk, 318 fg.), ist im ersteren Sinne zu entscheiden. Begründung bei Oertmann, a. a. O.

[97]) Manigk, 707.

[98]) Genauer: „Der Anzeigende ist dafür verantwortlich, daß sein Verhalten in die Wahrnehmungssphäre eines andern gelangt und zum Gegenstand von dessen Vorstellungen und Vertrauen geworden ist bzw. werden soll." Manigk, 707. — Vgl. BGB. § 171, 409, 576! —

Leidet der allgemein anerkannte Rechtssatz: die Anzeigen sind empfangsbedürftig, Ausnahmen oder nicht?

Die verschiedenen Antworten auf diese Frage lauten:

a) Die Anzeigen sind ausnahmslos empfangsbedürftig (Auffassung a).

b) Es gibt auch richtungsbedürftige Anzeigen (Auffassung b).

c) Es gibt auch vernehmungsbedürftige Anzeigen (Auffassung c).

Ich beginne mit der Darstellung und Kritik der Auffassung b[99]).

Nach dieser Auffassung wirken gewisse Anzeigen — [vgl. z. B. BGB. §§ 149 Satz 2, 478, 485, 639 I] — bereits mit der Absendung, gleichviel ob sie nicht rechtzeitig oder gar überhaupt nicht bei dem Anzeigeadressaten eingetroffen sind.

Eine Stütze findet diese Meinung in den Materialien zum BGB.[100–101]).

Bekämpft wird sie neuerdings energisch und mit gewichtigen Gründen von Manigk[102]). Nach Manigk sprechen die oben angeführten Normen lediglich aus, daß der Zeitpunkt der Absendung der Anzeige dafür entscheidend ist, ob die in diesen Normen vorgeschriebenen Fristen (Minimalfristen) eingehalten worden sind oder nicht. Dagegen nehmen diese Normen (nach Manigk) in keiner Weise zu der hier allein interessierenden Frage:

---

[99]) Vgl. die Note 93 und 94 dieser Abhandlung zitierte Literatur, ferner Kohler, Lehrbuch des Bürgerlichen Rechts I 584, II 25; Josef, Gruchots Beitr. LII 275 fg.

[100]) Mot. I 171: „Die Gefahr des Eintreffens der ordnungsmäßig abgesandten Anzeige trifft den Antragsempfänger.“ Selbstverständlich binden uns derartige Äußerungen in den Materialien in keiner Weise.

[101]) Auch die Ausführungen in der Begründung zu § 10 des Entwurfs eines Versicherungsgesetzes (S. 27): „Die Wirksamkeit der Willenserklärung schon mit der Absendung des Briefes eintreten zu lassen . . .“ huldigen dem als Auffassung b bezeichneten Grundsatze. Die Auslegung des Entwurfs und künftigen Gesetzes ist selbstverständlich durch diese Ausführungen in keiner Weise gebunden.

[102]) 339 fg, 708.

Ist zur Wirksamkeit dieser Anzeigen deren Zugang erforderlich oder nicht? Stellung. Folglich muß BGB. § 130, auch auf die durch diese Normen geregelten Anzeigen Anwendung finden, ... bleibt, wenn die gemäß §§ 149 Satz 2, 478, 485, 639 I BGB. rechtzeitig abgesandte Anzeige auf dem Wege zum Anzeigeadressaten verloren geht, jede Wirkung dieser Anzeige[103]) aus.

Welche Auslegung entspricht am besten dem Wortlaute und Geiste der oben angeführten Normen?

. . . . . . Aus dem Wortlaute der §§ 149 Satz 2, 478, 485, 639 I BGB. läßt sich nicht herleiten, daß diese Anzeigen unzugegangen wirken sollen.

§ 149 Satz 2 BGB. bestimmt: „Verzögert er die Absendung der Anzeige, so gilt die Annahme als nicht verspätet", also umgekehrt: Sendet er rechtzeitig, d. i. innerhalb des Zeitraumes, den das Gesetz unter „unverzüglich" begreift (BGB. § 121 I Satz 1), die Anzeige ab, so gilt die Annahme als verspätet,

oder in der Redeweise des Entwurfs eines Versicherungsgesetzes: „Ist . . . . . . gewesen ist[104]). Andernfalls gilt die Annahme als nicht verspätet. Durch die Absendung der Anzeige wird die Frist gewahrt."

§ 149 BGB. enthält also kein einziges Wort, welches der Anwendung der allgemeinen, a priori[105—106]) für alle, mithin auch für die durch BGB. § 149 Satz 2 geregelten Anzeigen maßgebenden Norm: die Anzeigen sind empfangsbedürftig (BGB. § 130), auf die Anzeigen aus BGB. § 149 Satz 2 entgegenstände.

---

[103]) Es ist mit Recht (vgl. z. B.: Bekker, Jhering J. XLIX 50, Manigk, 708) hervorgehoben werden, daß in einer großen Reihe von Anzeigepflichtfällen bereits an die Abgabe (Absendung) der Anzeige bestimmte Rechtswirkungen geknüpft sind. Davon ist später (vgl. II 2 dieser Abhandlung!) zu sprechen. Hierher gehört diese Frage nicht, weil es sich bei diesen Rechtswirkungen um Wirkungen handelt, die aus dem Wesen der Anzeigeverpflichtungen, nicht aus dem Wesen der Anzeigen fließen. Vgl. auch Rümelin, Dienstvertrag und Werkvertrag 22/23.

[104]) BGB. § 149 Satz 1.

[105]) Vgl. S. 35 dieser Abhandlung.

[106]) Das übersieht Bekker, a. a. O. 48 in seiner Polemik gegen Planck.

§ 478 (vgl. auch § 639 I) BGB. bestimmt: „Hat der Käufer den Mangel dem Verkäufer angezeigt oder die Anzeige an ihn abgesendet, bevor der Anspruch auf Wandelung oder auf Minderung verjährt war, so kann er auch nach der Vollendung der Verjährung die Zahlung des Kaufpreises insoweit verweigern, als er auf Grund der Wandelung oder der Minderung dazu berechtigt sein würde ......",

einfacher: Hat der Käufer die Anzeige von dem Mangel an den Verkäufer abgesendet, bevor ......

oder in der Terminologie des Entwurfs eines Versicherungsgesetzes: Hat der Käufer den Mangel dem Verkäufer angezeigt, bevor der ...... sein würde. Durch die Absendung der Anzeige wird die Frist gewahrt.

Auch hier kein einziges Wort, welches für die durch § 478 (639 I) BGB. geregelten Anzeigen eine Ausnahme von der allgemeinen Regel der Zugangsbedürftigkeit der Anzeigen verlangte!

§ 485 BGB. bestimmt: „Der Käufer verliert die ..... Rechte, wenn er nicht spätestens zwei Tage nach dem Ablaufe der Gewährfrist oder ...... nach dem Tode des Tieres den Mangel dem Verkäufer anzeigt oder die Anzeige an ihn absendet ......"

Hier gilt das oben zu den §§ 149 Satz 2 und 478 (639 I) BGB. Gesagte.

Dem Wortlaute des Gesetzes wird also entschieden nur die von Manigk vorgeschlagene Auslegung gerecht.

...... Alles dies wird — möchte ich glauben — noch erheblich deutlicher, wenn man den Entwurf eines Gesetzes über den Versicherungsvertrag vergleichsweise heranzieht. In diesem Entwurfe ist einmal der für das BGB. nur im Wege der Analogie gewonnene Grundsatz von der Zugangsbedürftigkeit der Anzeigen ausdrücklich und allgemein[107]) ausgesprochen [§§ 10 I, 25 II,

[107]) Der § 104 (vgl. auch § 10 I) des Entwurfs eines Gesetzes über den Versicherungsvertrag enthält keine Ausnahme von dem Grundsatze der Zugangsbedürftigkeit.

§ 104 bestimmt: Hat der Hypothekengläubiger seine Wohnung geändert, die Änderung aber dem Versicherer nicht mitgeteilt, so genügt für eine Mitteilung der in den §§ 100, 103 bezeichneten Art, die Absendung eines ein-

28 I, 99 I, 104 Satz 2, 114 II]. Hier finden sich anderseits eine Reihe von Bestimmungen [§§ 92 I Satz 2, 110 I Satz 2, 153 I Satz 2, 171 I Satz 2], welche den §§ 149 Satz 2, 478, 485, 639 I BGB. inhaltlich kongruent sind. Aber sie sind eleganter und durchsichtiger abgefaßt. Sie lassen keinen Zweifel darüber, daß sie nicht als Ausnahmen von dem Grundsatze der Zugangsbedürftigkeit aufgefaßt werden wollen, ... daß der Zeitpunkt der Absendung der Anzeige nur für die Einhaltung der dort ausgesprochenen Fristen erheblich sein soll.

Diese Erkenntnis, welche uns die glückliche Fassung der angeführten Bestimmungen des auch nach der technischen Seite hin vorzüglich gelungenen Entwurfs eines Versicherungsgesetzes mühelos vermittelt, ist für das BGB. fruchtbar zu machen.

...... Die Auffassung Manigks wird aber nicht nur allein dem Wortlaute der §§ 149 Satz 2, 478, 485, 639 I BGB. gerecht, sie entspricht auch — und das ist das Entscheidende — allein der ratio legis, den Anforderungen der Zweckmäßigkeit.

Eine Ausnahme von dem Grundsatze der Zugangsbedürftigkeit der Anzeigen dürfte für die hier in Frage stehenden Anzeigen doch nur unter der Voraussetzung verlangt werden, daß die Anwendung des allgemeinen Grundsatzes der Zugangsbedürftigkeit der Anzeigen zu Unbilligkeiten führte. Jede sorgfältige Nachprüfung der hier zu berücksichtigenden Interessenlagen ergibt aber, daß für unsere Anzeigefälle das Gegenteil zutrifft. Die Interessen der Anzeigeadressaten erfordern gebieterisch [108]), daß an dem

---

geschriebenen Briefes nach der letzten dem Versicherer bekannten Wohnung. Die Mitteilung wird in dem Zeitpunkte wirksam, in welchem sie ohne die Wohnungsänderung bei regelmäßiger Beförderung dem Hypothekengläubiger zugegangen sein würde.

§ 104 sagt nicht: Die Anzeige wirkt unzugegangen. Diese Bestimmung stellt vielmehr zunächst die Fiktion auf: der Hypothekengläubiger wohnt noch in der letzten dem Versicherer bekannten Wohnung, und läßt dann die Anzeige in dem Zeitpunkte wirken, in welchem sie ihm dort zugegangen sein würde.

108) Ich verweise auch auf die Begründungen zu den §§ 92 I Satz 2, 110 I Satz 2, 153 I Satz 2, 171 I Satz 2 des Gesetzesentwurfs über den Versicherungsvertrag. — Vgl. auch Manigk, a. a. O. 708.

Grundsatze der Zugangsbedürftigkeit auch für diese Anzeigen festgehalten wird. Den Interessen der Anzeigenden wird aber das Gesetz bereits dadurch vollkommen gerecht, daß es die Einhaltung der Anzeigefrist nicht von dem Zugang, sondern von der Absendung der Anzeige abhängig macht ......

Folglich scheidet die Auffassung b für unsere weiteren Erörterungen aus.

Bezüglich der Auffassung c sei nur folgendes bemerkt.

Nach Bekker[109]) verlangen die Anzeige an den Cessus sowie die Mitteilung der Bevollmächtigung an den Dritten Kenntnisnahme durch den Anzeigeadressaten.

Weil ich Bekkers Auffassung von den Tatbeständen der Zession[110—111]) und Bevollmächtigung[112]) als dem klaren Wortlaute des Gesetzes (BGB. §§ 167, 398) widersprechend ablehne, so scheidet die Auffassung c ohne weiteres für die folgenden Erörterungen aus.

...... Demgemäß sind die Anzeigen ausnahmslos empfangsbedürftig[113]).

Aus der Empfangsbedürftigkeit der Anzeigen folgt zunächst, daß BGB. § 130 I Satz 2, II. III. (§ 28 II) auf die Anzeigen analog anzuwenden ist, weiterhin, daß

a) bei der Auslegung und Inhaltsbestimmung der Anzeigen (genau wie bei den empfangsbedürftigen Willenserklärungen) der Standpunkt des Anzeigeempfängers eingenommen werden muß[114—115]),

b) die vom Gesetz an die Anzeigen geknüpften Rechts-

---

109) Jhering J. XLIX 6—8, 38 fg.

110) Bekker, a. a. O. 6—8.

111) Ich verweise auch auf Oertmann, Recht der Schuldverhältnisse S. 266 Ziffer 4; Windscheid-Kipp, II § 331, S. 374. Staudinger-Kuhlenbeck 3/4, zu § 398 Note 1 c.; Kohler, Lehrb. d. bürgerl. Rechts, II 1. S. 166. § 61 Ziff. I.

112) Bekker, a. a. O. 38/39. — Ich hoffe später Gelegenheit zu finden, zu diesen Ausführungen Bekkers eingehender Stellung zu nehmen.

113) Vgl. auch II 2 dieser Abhandlung.

114) Manigk, 708.

115) Über diesen Punkt brauche ich mich hier nicht weiter zu äußern.

wirkungen nur bei der für den Anzeigeempfänger deutlichen[116–117]) Anzeige eintreten[118]). Deutlich ist aber nur die Anzeige, welche

α) über ihren Anzeigecharakter keinen Zweifel läßt[119]),

β) so klar und vollständig abgefaßt ist, daß sie (jedenfalls im Zusammenhange mit den vorliegenden Umständen) geeignet ist, dem gerade in Frage stehenden Anzeigeempfänger die erforderliche Kenntnis zu übermitteln[120]).

Was im einzelnen zur deutlichen Anzeige gehört, ist oftmals und sorgfältig für die Mängelrügen, insbesondere die Mängelrüge aus HGB. § 377[121]) durchgeprüft und erörtert worden. Ein Hinweis auf diese Ergebnisse (vgl. etwa die Angaben bei Staub[8], zu § 377 Anm. 21—24, 178) muß hier genügen. Sie treffen im wesentlichen auch für alle übrigen Anzeigen zu.

Bezüglich des Erfordernisses der Form der Anzeige verweise ich auf die Ausführungen S. 31 und II 2 dieser Abhandlung.

Die Untersuchung über die Begriffsmomente der Anzeige führt weiterhin zu der Frage:

Erfordert die Anzeige Geschäftsfähigkeit des Anzeigenden oder nicht? M. a. W.: Kann nur der Geschäftsfähige wirksam anzeigen oder können — wenigstens in einer Reihe von Fällen — auch beschränkt Geschäftsfähige (BGB. §§ 106, 114) oder gar Geschäftsunfähige (BGB. § 104) Anzeigen wirksam vornehmen?[122])

---

116) Über die Folgen der undeutlichen, sowie der deutlichen aber unrichtigen Anzeige vgl. S. 48, 52, 54—56 dieser Abhandlung.

Die absolut undeutliche Anzeige scheidet schon deshalb für unsere weitere Untersuchung aus, weil sie überhaupt nicht auf die Vorstellungswelt des Anzeigeempfängers einwirken kann.

117) Deutlichkeit der Anzeige! — Über die hiervon scharf zu scheidende, erforderliche Zuverlässigkeit der Anzeige vgl. S. 54—56 dieser Abhandlung.

118) Manigk, 708. — Mit Recht hebt Manigk, a. a. O. 711/2, 741 hervor, daß eine stillschweigende Anzeige (entsprechend der stillschweigenden Willenserklärung) nur in den seltensten Fällen genügen wird.

119) Dernburg, Recht VII 137/8; Kipp, Rechtswahrnehmung, 115.

120) Manigk, 708, 738/9.

121) Vgl. neuestens Recht XII Nr. 1062.

122) Wenn es dem Schrifttum, dem es selbstverständlich nicht entgangen ist, daß eine uneingeschränkte analoge Anwendung der §§ 104—115 BGB. auf die gesamten Anzeigen nicht angehe, bislang nicht gelungen ist, eine Übereinstimmung bezüglich dieser Frage zu erzielen, so hat dies seinen Grund

Ich beantworte diese Frage zunächst nur für die Vorstellungsmitteilungen[123]) unter den Anzeigen.

Hier muß man sich daran erinnern, was S. 26fg. speziell Note 56 dieser Abhandlung über das Wesen der Anzeige ausgeführt wurde. Weil der Zweck der Anzeige Kenntnisvermittlung ist, — weil die ganzen Wirkungen der Anzeigen sich in einer „Einwirkung auf die Vorstellungswelt des Anzeigeempfängers", event. einer „Pression auf dessen Willen", also einem tatsächlichen Effekt erschöpfen, — weil schließlich alle Rechtsfolgen, die an diese Anzeigen geknüpft sind, ex lege eintreten, gleichviel ob der Anzeigende sie wollte oder nicht, ... so kann es grundsätzlich für die Wirksamkeit der Anzeigen auf die Geschäftsfähigkeit oder Nichtgeschäftsfähigkeit des Anzeigenden nicht ankommen. Grundsätzlich muß vielmehr der Satz gelten: Wer fähig ist, die vom Gesetz verlangte Anzeige vorzunehmen, kann sie auch wirksam vornehmen, mag er beschränkt geschäftsfähig oder gar geschäftsunfähig sein.

Dies ist im folgenden näher darzulegen.

Bekanntlich statuiert StGB. § 139 — vgl. auch SprengstG. § 13 — für den, der von dem Vorhaben eines Hochverrats, Landesverrats, Münzverbrechens, Mordes, Raubes, Menschenraubes

---

a) in dem S. 32 dieser Abhandlung Gesagten, insbesondere darin, daß die früheren Untersuchungen (eine rühmliche Ausnahme macht Manigk, a. a. O. 710) nicht genügend berücksichtigt haben, daß die Antworten auf die beiden Fragen:

1. Kann die Anzeige nur von einem Geschäftsfähigen wirksam vorgenommen werden?

2. Treffen im Falle der Unterlassung der geschuldeten Anzeige die Nachteile aus der Nichterfüllung der Anzeigepflicht nur den Geschäftsfähigen oder auch den Nichtgeschäftsfähigen?

nicht übereinstimmen können, sodann

b) darin, daß die frühere Theorie die inhaltlichen Verschiedenheiten der Vorstellungs- und Willensmitteilungen, die gerade bei unserer Frage eingehende Berücksichtigung verlangen und für eine zweckdienliche Lösung der vorliegenden Frage die maßgebenden Gesichtspunkte bieten, nicht bemerkt hatte.

[123]) Vgl. S. 28 dieser Abhandlung!

oder eines gemeingefährlichen Verbrechens zu einer Zeit, in welcher die Verhütung des Verbrechens möglich war, glaubhafte Kenntnis erhält, die Verpflichtung, hiervon der Behörde oder der durch das Verbrechen bedrohten Person zur rechten Zeit Anzeige zu machen[124]). Es unterliegt nun m. E. keinem Zweifel[125]), daß dieses zunächst für das Strafrecht aufgestellte Gebot kraft der Verweisung in BGB. § 823 II auch für das Privatrecht gilt, daß die Verletzung dieses Gebotes gemäß BGB. § 823 II die Verpflichtung zum Ersatze des daraus entstandenen Schadens nach sich zieht. Weil dieses Gebot sich (vgl. BGB. § 828 II) auch an den beschränkt Geschäftsfähigen wendet, so muß auch der beschränkt Geschäftsfähige unzweifelhaft diese Anzeige (auch privatrechtlich) wirksam vornehmen können[126]). — Eine Bestätigung des Satzes, daß, wer fähig ist, die Anzeige vorzunehmen, sie auch wirksam vornehmen kann! ......

Eine wichtigere Stütze für diesen Satz bilden die §§ 165 und 107 BGB.

Aus BGB. § 165 folgt (arg. a. fortiori) mit Sicherheit, daß auch der beschränkt-geschäftsfähige Vertreter wirksame Anzeigen vornehmen kann[127]),

aus BGB. § 107, daß alle Anzeigen eines beschränkt Geschäftsfähigen, an die das Gesetz für den Anzeigenden lediglich rechtliche Vorteile knüpft, wirksam sind.

Hierher rechnen unzweifelhaft die „rechterhaltenden“[128]) Anzeigen aus BGB. §§ 478, 485, 639 I, 703, 804 I[129]).

---

[124]) Vgl. hierzu III 1 und 2 dieser Abhandlung! Dort ist auch die schwierige Frage zu erörtern, ob das Privatrecht nur für die durch die oben angeführten Strafrechtsnormen umschriebenen Fälle eine Anzeigepflicht anerkennt, oder ob es auch für verwandte Fälle (bis zu welcher Grenze?) eine derartige Anzeigeverpflichtung auferlegt.

[125]) Vgl. Planck³, zu § 823 Note III 2 S. 982—985, Oertmann², zu § 823 Note 4 S. 946 fg.

[126]) Vgl. auch die folgenden Ausführungen dieser Abhandlung zu § 107 BGB.

[127]) Über die hiervon scharf zu scheidende Frage: ist für die einzelne Anzeige Vertretung zulässig?, vgl. S. 54 dieser Abhandlung.

[128]) Kohler, Lehrbuch des Bürgerlichen Rechts, II 1 S. 25.

[129]) Im Gegensatze zu Kohler, a. a. O. betone ich bei den Anzeigen aus

Hierher rechnen fernerhin alle Anzeigen, welche der Anzeigende auf eine Anzeigeverpflichtung[130]) hin vornimmt, soweit nicht — (hier lernen wir die einzige Ausnahme von dem oben aufgestellten allgemeinen Satze: wer fähig ist, die Anzeige vorzunehmen, kann sie auch wirksam vornehmen, kennen) — die Wirkungen, welche das Gesetz an die Anzeigen knüpft, Rückwirkungen auf das Vermögen bzw. die Interessensphäre des Anzeigenden ausüben, welche nicht lediglich einen rechtlichen Vorteil bedeuten.

Der beschränkt geschäftsfähige negotiorum gestor (BGB. § 682) kann also unzweifelhaft die gemäß BGB. § 681 erforderliche Anzeige vornehmen. Denn sie bringt ihm lediglich rechtliche Vorteile.

Das Gleiche gilt für die Anzeigen aus BGB. §§ 254 II, 374 II, 384 II, 416 III Satz 2, 510 I, 545, 673, 694, 727 II, 789, 965, 966 II, 1042, 1099 II, 1128, 1166, 1218 II, 1220 II, 1237 Satz 2, 1241, 1285 II Satz 2, 1894 I, 2035 II, 2146 I[131]).

Verabsäumt der Vormund die Anzeige von der erfolgten Hinterlegung, so kann das rechtskundige Mündel die Anzeige wirksam vornehmen[132]).

Nur dort, wo — wie gesagt — die Wirkungen der Anzeige im letzten Ergebnisse für den Anzeigenden nicht lediglich rechtliche Vorteile darstellen, ist unbeschränkte Geschäftsfähigkeit des An-

---

BGB. §§ 149 Satz 2, 965 BGB. das „Geschuldetsein" nicht das „rechtserhaltende Moment". Vgl. auch S. 63 fg. dieser Abhandlung.

[130]) Bringen doch diese Anzeigen (ausgenommen die gleich zu erwähnenden Fälle!) lediglich rechtliche Vorteile: Erlöschen der Anzeigeverpflichtung ohne Aufopferung von Lebensgütern in der Anzeige! Vgl. auch IV dieser Abhandlung.

[131]) Für eine Reihe von Anzeigen (z. B.: BGB. § 415 I, 416, 650 II, 665, 692, 2384 I) versteht es sich ganz von selbst, daß sie nur von Geschäftsfähigen bzw. diesen rechtlich gleichgestellten (BGB. § 113) Minderjährigen vorgenommen werden können, weil die Rechtslagen, welche in diesen Normen vorausgesetzt werden, nur bei solchen Personen vorkommen.

[132]) Auf den ersten Blick mag diese Entscheidung befremden. Zieht man aber in Betracht, daß eine deutliche Anzeige des (zur Anzeige fähigen) Mündels dem Anzeigeempfänger die erforderliche Kenntnis ebenso klar und sicher vermittelt wie die Anzeige des Vormundes, so liegt kein Grund vor, dem Mündel diese Möglichkeit einer Wahrung seiner Interessen zu entziehen.

Ich verweise auch auf das S. 45 fg. dieser Abhandlung Gesagte.

(Nebenbei bemerkt: das Mündel erfüllt seine Anzeigeverpflichtung. BGB. § 267 kommt also nicht in Betracht.)

zeigenden zu verlangen. Ich verweise auf BGB. §§ 149 Satz 2, 409, 410 II, 411, 571 II, 576, 639 II, 1205 II, 1280[133]).

Aber man muß noch einen Schritt weitergehen. Auch die Anzeige des **Geschäftsunfähigen** kann — nur diese Entscheidung führt zu praktisch brauchbaren Ergebnissen — in einzelnen Fällen wirksam sein[134]).

Ein Kind von sechs Jahren oder ein Geisteskranker finden eine verlorene Uhr und bringen sie dem Eigentümer wieder, erstatten also hierdurch die gemäß BGB. § 965 I erforderliche Anzeige. Der Zweck der Anzeige: Die Kenntnisvermittlung, ist vollständig erreicht. Wäre nur die Anzeige des Geschäftsfähigen bzw. beschränkt Geschäftsfähigen wirksam, so hätten das Kind bzw. der Geisteskranke keinen Anspruch auf den Finderlohn erworben. Ein unbilliges, unzweckmäßiges Ergebnis, das um so eher abzulehnen ist, als das Gesetz selbst sich jeder ausdrücklichen Entscheidung enthalten hat.

...... Das BGB. erfordert also für die **Vorstellungsmitteilungen** unter den Anzeigen grundsätzlich nicht Geschäftsfähigkeit des Anzeigenden. Es verlangt vielmehr lediglich, daß der Anzeigende fähig ist, die Anzeige so, wie das BGB. es vorschreibt, vorzunehmen. Darüber aber, ob der Anzeigende diese Fähigkeit besitzt, gibt die Anzeige selbst (ihre Deutlichkeit, Zuverlässigkeit!), jedenfalls unter Berücksichtigung der dem Anzeigeempfänger bekannten Umstände unzweideutige Auskunft. Denn die Tatsache, daß eine den oben geschilderten Erfordernissen entsprechende Anzeige vorliegt, beweist, daß der Anzeigende die vom Gesetz für eben diese Anzeige geforderten psychischen Qualitäten besitzt. Folglich kann der Anzeigeempfänger bestimmt wissen, ob eine wirksame Anzeige vorliegt oder nicht, ob er auf diese Anzeige reagieren (jedenfalls sich sogleich über die Richtigkeit oder Unrichtigkeit der Anzeige orientieren) muß oder nicht. Und damit erledigt sich auch das einzige Bedenken, welches unsere Auffassung bezüglich des

---

133) Im Ergebnis übereinstimmend Manigk, 711.

134) So auch Manigk, 710. Eine Auseinandersetzung mit den Meinungsäußerungen im Schrifttum hätte zu weit geführt und mußte deshalb unterbleiben.

Erfordernisses der Geschäftsfähigkeit zunächst hervorrufen könnte. ...... Unsere Auffassung wird auch den Interessen des Anzeigeempfängers vollauf gerecht.

Daß bei den Willensmitteilungen unter den Anzeigen bezüglich der Frage: Erfordert die Anzeige Geschäftsfähigkeit des Anzeigenden oder nicht? nur einzelne der für die Vorstellungsmitteilungen unter den Anzeigen gewonnenen Ergebnisse repetieren, hat seinen Grund in den verschiedenen Inhalten der Vorstellungs- und Willensmitteilungen[135]).

Die Willensmitteilung soll dem Empfänger davon, was der (zum Empfänger in einem bestimmten Rechtsverhältnisse[136]) stehende) Mitteilende (im Hinblick auf dieses Rechtsverhältnis) zu tun beabsichtigt, Kenntnis vermitteln. Weil mithin der Mitteilende und der, welcher die angekündigte Handlung vornehmen[137]) bzw. veranlassen will[138]), identisch sind (und sein müssen)[139]), so kann nur der die Willensmitteilungen wirksam vornehmen, der die angekündigten Handlungen wirksam setzen bzw. veranlassen kann.

Demgemäß gelange ich im einzelnen zu folgenden Ergebnissen:

a) BGB. § 165 ist (arg. a. fortiori) auch[140]) auf die Willensmitteilungen analog anzuwenden.

b) Dagegen ist eine analoge Anwendung des § 107 BGB. auf die Willensmitteilungen nur in beschränktem Maße zulässig. Nur dann, wenn die in der Willensmitteilung angekündigte Handlung gemäß BGB. § 107 auch von einem beschränkt Geschäftsfähigen vorgenommen bzw. veranlaßt werden kann, ist eine wirksame Willensmitteilung des beschränkt Geschäftsfähigen möglich.

---

135) Über die Bedeutung der Verschiedenheit der Inhalte der Vorstellungs- und Willensmitteilungen für die Beantwortung der Fragen: inwieweit ist bei den Anzeigen neg. gestio möglich, und inwieweit können Anzeigeverpflichtungen durch Zweckerreichung erlöschen, vgl. S. 54—56 und II 2 dieser Abhandlung.

136) Meistens einem Schuldverhältnisse! Vgl. BGB. §§ 299, 303, 384 I, 777 usw.

137) Z. B.: BGB. §§ 299, 303.

138) Z. B. BGB. § 384 I.

139) Vgl. S. 56 dieser Abhandlung.

140) Vgl. S. 43 und Note 127 dieser Abhandlung.

Der beschränkt Geschäftsfähige kann folglich wirksam vornehmen:

a) Die Anmeldung des Empfangsberechtigten gemäß BGB. § 973 I Satz 1, 974 Satz 1 (980 I, 981 I).

b) Die Meldung des Gläubigers gemäß BGB. §§ 382, 1171 III, unter den Voraussetzungen in § 376 Ziffer 1 und 3. [Ich berufe mich hierfür auf BGB. § 378.]

Dagegen erfordern die Willensmitteilungen aus BGB. §§ 209 Ziffer 2, 299, 303, 384 I, 663[141]), 777, 1220 I, 1234, 1289, 1974, 2061 I Geschäftsfähigkeit des Anzeigenden.

Im Anschlusse an die Darstellung der „Erfordernisse" der Anzeigen erörtere ich in Kürze

a) die Frage: Inwieweit sind die Rechtsgeschäftsgrundsätze über

 α) Willensmängel:
  Mentalreservation,
  Simulation,
  Scherz,
  Irrtum,
  Drohung,
  Zwang.
 β) Bedingung und Befristung,
 γ) Stellvertretung,
 δ) negotiorum gestio

auf die Anzeigen zu übertragen?

b) die Frage nach dem Wesen, den Voraussetzungen und Fällen der „Rücknahme" der Anzeigen.

Denn die Antworten auf diese beiden Fragen sind aus dem Wesen der Anzeige herzuleiten.

Das Wesen der Mentalreservation besteht darin, daß der Erklärende sich insgeheim vorbehält, das Erklärte nicht zu wollen (BGB. § 116 Satz 1), m. a. W. „daß er die als gewollt erklärten Rechtsfolgen innerlich verneint" [142]). Da sich — wie bereits Note 56

---

141) Vgl. das Note 131 dieser Abhandlung Gesagte!

142) Manigk, 739.

dieser Abhandlung dargelegt wurde — die ganzen Wirkungen der Anzeigen in der Erzeugung von psychischen Effekten beim Anzeigeempfänger erschöpfen, da ferner die sämtlichen Rechtsfolgen der Anzeigen ex lege eintreten, gleichviel ob der Anzeigende sie wollte oder nicht, so ist eine Mentalreservation im Sinne des § 116 Satz 1 BGB. bei allen Anzeigen, Vorstellungs- wie Willensmitteilungen [143]) begrifflich ausgeschlossen.

Neuestens hat Manigk [144]) die Frage aufgeworfen, ob bzw. inwieweit BGB. § 116 Satz 2:

„Die Erklärung ist nichtig, wenn sie einem anderen gegenüber abzugeben ist und dieser den Vorbehalt kennt,"

auf die Anzeigen analog anzuwenden sei, m. a. W. ob die von der Rechtsordnung an die Anzeigen geknüpften Rechtsfolgen dann nicht eintreten, wenn

a) die Anzeige bewußt falsch ist, oder der Anzeigende das, was er ankündigt, insgeheim nicht tun will, und

b) der Anzeigeempfänger hiervon weiß.

Meines Erachtens ist eine analoge Anwendung des § 116 Satz 2 auf alle derartigen Fälle geboten.

Es empfiehlt sich bei der Begründung dieser Entscheidung etwas weiter auszuholen.

Weil der im Vertrauen auf die Richtigkeit der Anzeige handelnde Anzeigeempfänger aus bekannten, mehrfach für die Rechtsgeschäfte erörterten Gesichtspunkten [145]) eines wirksamen Schutzes bedarf, so knüpft die Rechtsordnung auch an die unrichtige Anzeige — den guten Glauben des Empfängers immer vorausgesetzt — die Rechtsfolge, daß sämtliche Schritte des auf die Anzeige hin handelnden Empfängers auf die Gefahr des Anzeigenden gehen [146]). Dieser Satz gilt für alle Anzeigen, auch für die, bei denen — man denke an die Anzeigen aus BGB. §§ 478, 485, 545, 1042 — „die Wirkung auch durch das Vorliegen einer Reihe

---

143) Übereinstimmend Manigk, a. a. O. 712, 739.

144) A. a. O., 712. Vgl. auch Zitelmann, die Rechtsgeschäfte im Entw., I 34 und Note 35.

145) Vgl. S. 35 dieser Abhandlung.

146) Manigk, 709; Kipp, Rechtswahrnehmung und Reurecht, 115—117.

von objektiven Tatsachen mitbedingt wird"[147]). Zeige ich irrtümlich einen Mangel der gekauften Sache an, so kann das Gesetz selbstverständlich nicht die Wirkungen der Anzeige aus BGB. § 478 I Satz 1 eintreten lassen; denn diese Wirkungen setzen eine Übereinstimmung der Mitteilung mit der wirklichen äußeren Sachlage voraus; es kann .... muß aber mir die Verpflichtung auferlegen, dem Anzeigeempfänger den Schaden zu ersetzen, den er dadurch erlitten hat, daß er im Vertrauen auf meine Anzeige Vorbereitungen zum Zwecke der Feststellung des Mangels getroffen hat.

Darüber hinausgehend hat das Gesetz dann noch für einzelne Anzeigen, bei denen der Eintritt der an die Anzeige geknüpften Rechtsfolgen nicht notwendig die Übereinstimmung der Mitteilung mit der wahren Sachlage voraussetzt — in Betracht kommen namentlich BGB. §§ 409 und 576 — bestimmt, daß die ganzen Rechtsfolgen der Anzeigen auch dann eintreten sollen, wenn der Empfänger weiß, daß die Mitteilung objektiv unrichtig ist[148]). Gerade im Hinblick auf diese Bestimmungen sind Zweifel laut geworden, ob eine uneingeschränkte Anwendung des § 116 Satz 2 auf die sämtlichen Anzeigen möglich sei[149]). Die Bedenken fallen weg, wenn die Unterschiede zwischen den beiden Kategorien von Fällen, an die bei der Exegese der §§ 409 und 576 BGB. gedacht werden muß, scharf herausgehoben werden.

a) Der Schuldner weiß lediglich, daß die Abtretung der Forderung nicht erfolgt oder nicht wirksam — die Anzeige mithin objektiv unrichtig — ist. Er weiß aber nicht, ob der Gläubiger die Unrichtigkeit der Anzeige kennt oder nicht, ob nicht der Gläubiger mit der Anzeige einen weiteren, dem Schuldner verborgenen Zweck verfolgt. In diesen Fällen entscheidet das Gesetz: Zugunsten des Schuldners treten die ganzen Wirkungen der Anzeige ein. Er kann sich bei dem Gedanken beruhigen, daß dem anzeigenden Gläubiger jedenfalls der Effekt, welchen die auf die Anzeige hin vorgenommene Handlung des Anzeigeempfängers hervorruft,

---

147) Manigk, 740.

148) Ich verweise auf die Ausführungen bei Oertmann, zu § 409 Note 1.

149) Manigk, 712.

genehm ist, da er ihm sonst die Anzeige nicht hätte zugehen lassen[150]).

b) Ganz anders in folgenden Fällen:

Der Anzeigeempfänger weiß bzw. mußte wissen[151]), daß der Anzeigende insgeheim das nicht tun will, was er ankündigt, daß — ich erörtere hier sogleich auch die verwandten Fälle des § 142 II BGB., — der Anzeigende sich irrte oder zur Anzeige gezwungen wurde, daß er bewußt die Unwahrheit sagt. Hier fehlt, da ein Vertrauen des Anzeigeempfängers auf die Anzeige vollständig ausgeschlossen ist, die Voraussetzung für einen Schutz des Empfängers. Denn die Einwirkung der Anzeige auf die Vorstellungswelt bzw. den Willen des Anzeigeempfängers wird durch dessen Kenntnis vom wahren Sachverhalte und dem Fehler der Anzeige als solcher aufgehoben. Kann aber die Anzeige den tatsächlichen Effekt der Kenntnisvermittlung nicht erreichen, so müssen notwendigerweise alle Rechtsfolgen der Anzeigen ausbleiben. Die Handlungen des Schuldners wirken also für diesen nicht befreiend[152]).

Daß unsere Ausführungen erst recht für alle diejenigen Fälle zutreffen, in denen das Gesetz die Rechtsfolge eintreten läßt, weil der Empfänger auf die Richtigkeit der Anzeige vertraute, bedarf keines Beweises.

Mein Ergebnis: Eine analoge Anwendung der §§ 116 Satz 2 und 142 II BGB.[153]) auf sämtliche Fälle von Anzeigen ist geboten.

Es erhebt sich nunmehr die Frage, inwieweit BGB. § 117 I:

„Wird eine Willenserklärung, die einem anderen gegenüber abzugeben ist, mit dessen Einverständnisse nur zum Schein abgegeben, so ist sie nichtig."

---

150) Nicht glücklich spricht man hier von einer Schutzvorschrift zugunsten des schlechtgläubigen Schuldners.

151) Vgl. auch BGB. § 142 II. Nur diese Auffassung wird den Interessenlagen gerecht.

152) Wir bedürfen hierfür nicht des Hinweises auf § 826 BGB. — Das Gesagte gilt für § 409 I Satz 1 und 2 BGB. Vgl. auch S. 60 fg. dieser Abhandlung.

153) Oertmann, zu § 409 Note 1 a.

auf die Anzeigen analog angewandt werden kann. Nach Manigk treten die Rechtsfolgen der Anzeige bei simulierten Vorstellungsmitteilungen[154]) ein, bei simulierten Willensmitteilungen[155]) hingegen nicht ein.

Daß an die simulierte Willensmitteilung keine Rechtsfolgen geknüpft sein können, leuchtet sofort ein. Kündige ich verabredetermaßen simulierterweise meinem Gläubiger an, daß ich die Leistung in 2 Tagen bewirken will, so vermittelt ihm diese meine verabredetermaßen simulierte Anzeige nicht meinen Leistungswillen. Folglich müssen, weil das Gesetz nur an die Anzeige des Leistungswillens die Rechtsfolgen aus § 299 BGB. knüpft, alle Rechtsfolgen der Anzeige ausbleiben.

Bei der Beantwortung unserer Frage für die Vorstellungsmitteilungen kann ich Manigk nicht folgen. Sollen Anzeigen — z. B. die gemäß BGB. §§ 409 oder 485[156]), — verabredetermaßen als nur zum Schein abgegeben gelten, so kann dies meines Erachtens nur in der Weise geschehen, daß der Anzeigende dem Anzeigeempfänger bei der die Simulation betreffenden Verabredung die Unrichtigkeit der abzugebenden Anzeige zugesteht. Denn nur dann ist einerseits der Eintritt der gesetzlichen Rechtsfolgen der Vorstellungsmitteilungen unmöglich gemacht, anderseits ein äußerer Tatbestand geschaffen, der den Schein einer Anzeige erweckt. Daß eine Rechtsordnung nicht an eine solche Anzeige Rechtsfolgen knüpfen kann, bedarf nicht eines weiteren Beweises[157]).

BGB. § 117 II kann für die Anzeige nicht wiederkehren.

Über die nicht ernstliche Anzeige nur folgendes!

Soweit der Mangel der Ernstlichkeit der Anzeige vom Anzeigeempfänger nicht erkannt wurde, und dieser im Vertrauen auf die Anzeige Schritte tut, gehen diese (wie schon früher hervorgehoben wurde) auf die Gefahr des Anzeigenden.

Wird der Mangel der Ernstlichkeit vom Anzeigeempfänger

---

[154]) Manigk, 712.
[155]) Manigk, 740/1.
[156]) Z. B. um einen Dritten zu täuschen.
[157]) Andere Fälle sind m. E. nicht denkbar.

erkannt, so bleiben meines Erachtens notwendigerweise alle Rechtsfolgen der Anzeige aus. Droht der Schuldner dem Gläubiger zum Scherze an, er wolle den Besitz an dem herauszugebenden Grundstücke aufgeben, so vermittelt diese Anzeige dem Gläubiger nicht den Willen des Schuldners: das Grundstück aufzugeben. Die gemäß BGB. § 303 erforderliche Anzeige kommt nur als ernstliche in Betracht[158]). Gäbe der Schuldner nachträglich den Besitz an dem Grundstücke auf, so machte er sich schadensersatzpflichtig.

Aber auch bei den Vorstellungsmitteilungen bin ich im Gegensatze zu Manigk[159]) der Auffassung, daß die erkannte Nichternstlichkeit der Anzeige den Eintritt jeder Rechtsfolge der Anzeige unmöglich macht. Die Nichternstlichkeit wirkt nämlich überall dort, wo Ernst erwartet werden muß, als Negation[160]).

Über die Bedeutung des Irrtums, der Drohung und des Zwanges bei Anzeigen kann ich mich nach den vorhergehenden Ausführungen kürzer fassen.

Ich verweise zunächst auf die Ausführungen S. 48 fg. dieser Abhandlung.

Es versteht sich fernerhin von selbst, daß, wenn der Anzeigende sich in der Person des Gegners versah, bei der irrtümlich an die andere Person gerichteten Anzeige keine Rechtsfolgen eintreten können.

Die Fälle, in denen der Anzeigeempfänger selbst den Anzeigenden zu einer irrtümlichen Anzeige veranlaßte, wurden bereits S. 48 dieser Abhandlung entschieden. [Jede Wirkung der Anzeige ist ausgeschlossen!]

Ich erweise auch auf die Ausführungen über die Zurücknahme der Anzeigen[161]).

...... Hört der Irrtum (usw.) des Anzeigenden auf, so kann der Anzeigende durch eine neue Mitteilung die frühere un-

---

158) Manigk, 740/1.

159) Manigk, 712.

160) Weil es sich hier um einen Mangel der Anzeige als solcher handelt, so würden auch in den durch BGB. §§ 409 und 576 geregelten Fällen alle Rechtsfolgen der Anzeige ausbleiben.

161) Vgl. S. 56—63 dieser Abhandlung.

richtige Anzeige richtig stellen. Von einer Anfechtung der Anzeige kann nicht die Rede sein, weil die Rechtsfolgen der Anzeige ex lege eintreten und der Privatautonomie des Anzeigenden entzogen sind. Die neue Mitteilung wirkt lediglich die Richtigstellung der Vorstellungen des Anzeigeempfängers, und an diese richtig gestellten Vorstellungen des Empfängers knüpft dann das Gesetz neue Rechtsfolgen[162–163].

Daß Bedingungen und Befristungen bei den Anzeigen nicht wiederkehren, wurde für die Vorstellungsmitteilungen bereits von Zitelmann[164]) mit Recht hervorgehoben. Sie erweisen sich nur da als möglich, wo der Handelnde die rechtlichen Wirkungen seines Handelns frei bestimmen kann. Eine bedingte oder befristete Anzeige aus BGB. §§ 478, 485 oder 545, 1042 erweist sich auf den ersten Blick als unmöglich.

Aber auch für die Willensmitteilungen ist eine analoge Anwendung der §§ 158—163 BGB. — wie Manigk[165]) nachgewiesen hat, — ausgeschlossen. Von bedingten bzw. befristeten Anzeigen könnte man in der Terminologie unseres BGB. doch nur dann sprechen, wenn der Anzeigende den Eintritt der Rechtswirkungen der Anzeige von dem Eintritt der Bedingung bzw. dem Eintritt des Anfangs- oder Endtermins abhängig machen könnte. Da die Willensmitteilungen sich aber lediglich in der Vermittlung der Kenntnis vom Willen des Anzeigenden erschöpfen, und ihre Rechtsfolgen ex lege eintreten, so ist es dem Anzeigenden nicht möglich, den Eintritt der Rechtsfolgen der Willensmitteilungen von einer Bedingung oder Befristung abhängig zu machen, ist die Vornahme einer Anzeige unter einer aufschiebenden oder auflösenden Bedingung, mit der Bestimmung eines Anfangs- oder Endtermins ausgeschlossen.

162) Das Gesagte gilt auch für die durch BGB. § 120 geregelten Fälle.

163) Die Entscheidung in § 123 II Satz 1 kann nicht auf die Anzeige analog übertragen werden.

164) Zitelmann, die Rechtsgeschäfte im Entw., I 34. Vgl. hierzu auch Manigk, 713.

165) Manigk, 742.

Dagegen steht es dem Anzeigenden bei einer Reihe von Willensmitteilungen[166]) frei, den als gewollt kundgegebenen Gegenstand der Willensmitteilung von Zeit und Umständen oder dem Eintritt einer Bedingung abhängig zu machen, z. B. den Empfänger aufzufordern, etwas zu tun, wenn ein bestimmtes Ereignis eingetreten ist, oder die Handlung nur dann vorzunehmen, wenn X zustimmt usw.[167]).

Die Stellvertretung im Sinne der §§ 164 fg. BGB. ist nur bei Willenserklärungen denkbar. Sie ist aus begrifflichen Gründen bei sämtlichen Anzeigen ausgeschlossen. Selbstverständlich kann aber der Anzeigende die Anzeige dem Empfänger durch einen Boten oder beauftragten Gehilfen zugehen lassen[168–169]).

Es bleibt schließlich noch die Frage: Kann auch ein anderer als derjenige, welcher zur Anzeige verpflichtet ist oder mit der Anzeige seine Rechte wahren will, für den Anzeigepflichtigen bzw. -berechtigten die Anzeige wirksam vornehmen? (inwieweit ist eine neg. gestio bei Anzeigen möglich?) zu beantworten.

Das Gesetz selbst entscheidet diese Frage ausdrücklich für die in den §§ 415 I Satz 2, 510 I Satz 2, 1099 I, 2146 I Satz 2, 2384 I Satz 2 geregelten Anzeigefälle. [Zu beachten ist, daß BGB. §§ 510 I Satz 2, 1099 I, 2146 I Satz 2, 2384 I Satz 2 dem „Dritten", „Nacherben", „Käufer" keine Anzeigepflicht auferlegen[170]), daß der „Dritte", „Nacherbe", „Käufer" die Anzeige also stets nur als Beauftragter oder Geschäftsführer ohne Auftrag vornehmen.]

---

[166]) Es steht ihm m. E. nicht frei bei Anmeldungen aus §§ 973 I Satz 1 974 Satz 1 (980 I, 981 I), den Meldungen aus §§ 382 und 1171 III, den Meldungen aus §§ 209 Ziffer 2, 1974 I, 2061 I, den Anzeigen aus §§ 299, 663, 777, 1289 BGB., „denn hier kommt es auf die Schaffung einer alsbald klaren Sachlage an" (Manigk, 742); frei bei den Anzeigen aus §§ 303, 384 I, 1220 I, 1234 BGB.

[167]) Vgl. auch Manigk, 742.

[168]) Übereinstimmend Manigk, 668, 711, 741/2. Vgl. auch Oertmann, Allgemeiner Teil, zu § 8 Note 2, S. 31, Zitate daselbst.

[169]) Über die Haftung des Anzeigenden für richtige Übermittlung der Mitteilung durch den Boten vgl. Note 162 dieser Abhandlung.

[170]) Vgl. hierzu Planck[3], zu § 2146.

Grundsätzlich kann fernerhin ein anderer die Anzeige überall dort wirksam vornehmen, wo (vgl. S. 33 dieser Abhandlung!) das Gesetz selbst hervorhebt, daß es ihm lediglich auf den Effekt: Kenntnis, Wissen des Anzeigeempfängers in einem bestimmten Zeitpunkte ankommt. Ich verweise auf BGB. §§ 694, 973 I[171]), 974 usw.

Soweit das Gesetz selbst keine ausdrückliche Entscheidung unserer Frage gibt, empfiehlt es sich, diese Frage getrennt für die Vorstellungs- und Willensmitteilungen zu beantworten.

Für die Vorstellungsmitteilungen gelange ich zu dem Ergebnis, daß auch ein anderer, wofern seine Anzeige die erforderliche Zuverlässigkeit und Deutlichkeit aufweist, die Anzeige wirksam vornehmen kann. Wenn der Nachbar des verreisten Mieters bemerkt, daß der orkanartige Sturm in der vorhergehenden Nacht einen Teil des Daches des Miethauses abgedeckt hat und hiervon dem Vermieter unverzüglich Nachricht gibt, so wäre m. E., falls der Vermieter sich nicht rührt und keine Vorkehrungen zum Schutze des Hauses trifft, einer Schadensersatzklage des Vermieters gegen den Mieter aus § 545 II BGB. der Erfolg zu versagen. Denn die Anzeige des Nachbarn hat dem Vermieter die gemäß BGB. § 545 I erforderliche Kenntnis vermittelt. — ...... Und wenn die Gesellschafterin der im Hotel J in Z eingekehrten Frau X bemerkt, daß die wertvolle Pelzgarnitur der Frau X abhanden gekommen ist, und hiervon dem Gastwirt unverzüglich Anzeige macht, so wird doch wohl niemand bezweifeln, daß die Anzeige der Gesellschafterin als Geschäftsführerin ohne Auftrag geeignet ist, den Anspruch der Frau X gegenüber dem Gastwirt gemäß BGB. § 701 (§ 703) zu erhalten[172]).

171) A teilt dem Finder B mit, daß C Eigentümer der von B gefundenen Sache ist. Vgl. auch Note 175 dieser Abhandlung.

172) Daß diese Entscheidung auf richtigen Interessenwägungen aufbaut, leuchtet deutlicher ein, wenn man noch folgendes bedenkt: Der Dritte macht die Anzeige. Auf seine Gefahr gehen folglich die Schritte, welche der Empfänger auf die Anzeige hin tut. Der Empfänger kann sich vor Schaden auch dadurch bewahren, daß er auf die Anzeige hin sich zunächst über deren Richtigkeit vergewissert. Der Anzeigepflichtige bzw. Anzeigeberechtigte braucht die neg. gestio des Dritten [Ausnahme: BGB. § 679] nicht zu genehmigen. Er ist also jedenfalls vollständig gesichert.

. . . . . . Ausdrücklich ausgeschlossen hat das Gesetz jede Wirksamkeit der Anzeige eines anderen bei den durch BGB. § 416 I Satz 1 geregelten Anzeigen. Dies ergibt mit Sicherheit eine Vergleichung des § 416 I Satz 1 BGB. mit § 415 I[172a]).

Das Gleiche würde ich für die Anzeigen aus BGB. §§ 409, 576 annehmen, aber nicht — wie anscheinend Manigk[173]) will — im Hinblick auf den Wortlaut des Gesetzes[174]), sondern aus inneren Gründen. . . . . . .

Ganz anders lautet die Entscheidung unserer Frage für die Willensmitteilungen[175]) unter den Anzeigen. Die Aufgabe der Willensmitteilung besteht darin, den Empfänger darüber aufzuklären, was der zum Empfänger in einem bestimmten Rechtsverhältnisse stehende Anzeigende im Hinblick auf dieses Rechtsverhältnis zu tun beabsichtigt. Hierüber kann aber nur der Wollende selbst zuverlässige und deutliche Mitteilungen machen[176]), und darum ist die von einem anderen für den Anzeigepflichtigen bzw. Anzeigeberechtigten vorgenommene Anzeige (Willensmitteilung) unwirksam.

Selbstverständlich kann der Dritte, der gemäß BGB. § 267 die Leistung bewirken kann, die Leistung mit den Wirkungen gemäß BGB. § 299 ankündigen.[176a])

Den Abschluß der Untersuchungen über die Anzeige bildet die Darstellung der Lehre von der Zurücknahme der Anzeige[177]).

[172a]) Die Entscheidung des RG. V. 22. II. 08 JW. 08 239/240 Nr. 11 gelangt zu einem andern Ergebnis. Eine Auseinandersetzung mit dieser Entscheidung ist hier nicht notwendig, weil diese Entscheidung bereits bezüglich der Auffassung von der Natur der Anzeige von dieser Abhandlung abweicht.

[173]) A. a. O. 711.

[174]) Das Gesetz nennt selbstverständlich überall nur den Anzeigepflichtigen bzw. Anzeigeberechtigten. Daraus sind aber (vgl. die Ausführungen S. 55 zu § 545 BGB.) keine weiteren Schlüsse zu ziehen.

[175]) Vgl. das Beispiel in Note 171 dieser Abhandlung. A kann mitteilen, daß C Eigentümer ist, er kann aber nicht den Anspruch des C anmelden. Die Fassung des Gesetzes (BGB. § 973 I Satz 1) bringt diesen Unterschied korrekt und klar zum Ausdruck.

[176]) Vgl. auch die Ausführungen Manigks, S. 742.

[176a]) Nebenbei bemerkt: Habe ich X zu meinem Vertreter bestellt, so findet, falls X innerhalb der ihm eingeräumten Vertretungsmacht auch Anzeigen an dritte Personen vornehmen muß, BGB. § 174 nur bei Willens- nicht bei Vorstellungs-Mitteilungen analoge Anwendung. [Vgl. Ungar. Entw. § 1016.]

Auch hier muß ich mich darauf beschränken, die eigene Auffassung klarzulegen.

Von einer Zurücknahme der Anzeige ist selbstverständlich die Richtigstellung der Anzeige durch neue Mitteilung in den S. 47—53 erörterten Fällen unrichtiger (fehlerhafter) Anzeige scharf zu unterscheiden.

Im übrigen empfiehlt es sich, die Zurücknahme der Anzeige

I. für die Vorstellungsmitteilungen
   a) die Anzeigen, „bei denen die Wirkung der Anzeige auch noch durch das Vorliegen einer Reihe von objektiven Tatsachen mitbedingt ist",
   b) die Anzeigen, bei denen der Eintritt der an die Anzeige geknüpften Rechtsfolgen nicht notwendig die Übereinstimmung der Mitteilung mit der wahren Sachlage voraussetzt;

II. für die Willensmitteilungen

zu erörtern.

Zu Ia.

Dem Gast ist Wäsche abhanden gekommen. Er macht dem Wirt davon unverzüglich Anzeige. Bei wiederholtem Nachzählen kommt er zu der Ansicht, daß nichts fehlt. Er nimmt daher seine Anzeige als unrichtig zurück[178]). — Welche Rechtsfolge knüpft das Gesetz an diese Zurücknahme der Anzeige?

Um diese Frage beantworten zu können, muß man sich zunächst darüber vollständig klar sein, um was es sich bei dieser Zurücknahme der Anzeige im vorliegenden Falle handelt. M. E. lediglich um eine Anzeige, Mitteilung. Der Gast glaubt irrtümlich, seine erste Anzeige sei unrichtig und macht hiervon (vgl. S. 52/3 dieser Abhandlung!) dem Gastwirt Mitteilung.

Anderseits ist in Betracht zu ziehen, daß bei der ersten Anzeige des Gastes unzweifelhaft die Rechtsfolgen gemäß BGB. §§ 701 (703) eingetreten sind, daß der Gastwirt also auf Schadensersatz haftet.

---

177) Vgl. hierzu die grundlegenden Ausführungen Kipps, Rechtswahrnehmung und Reurecht, 114—119.

178) Entnommen bei Kipp, a. a. O. 114/5.

Mein Ergebnis: Der Gastwirt haftet trotz der Zurücknahme der Anzeige[179]) auf Schadensersatz. Denn die unrichtige zweite Mitteilung des Gastes kann nicht die Schadensersatzverpflichtung des Gastwirts aufheben[180]).

Weil aber die zweite Anzeige (Zurücknahme der Anzeige) in dem Gastwirt die Vorstellung erzeugt, es sei dem Gast in der Tat nichts abhanden gekommen, und weil der Gastwirt aus dieser Vorstellung heraus die Nachforschungen nach dem Verbleib der abhanden gekommenen Wäsche unterbrechen wird, so müssen diese Schritte, welche der Gastwirt auf die zweite Anzeige (Zurücknahme der Anzeige) hin tut, auf die Gefahr des Gastes gehen. Folge: Die Haftung des Gastwirts auf Schadensersatz mindert sich. Vgl. BGB. § 254[181]).

Sobald der Gast die Unrichtigkeit der zweiten Mitteilung bemerkt, kann er durch eine neue berichtigende Anzeige die für ihn schädlichen Folgen der zweiten Mitteilung für die Zukunft beseitigen[182]). Je eher diese berichtigende Anzeige erfolgt, um so geringer sind die schädlichen Folgen, welche die Zurücknahme der Anzeige nach sich zieht.

Wenig korrekt spricht man von Zurücknahme der Anzeige auch dann, wenn der Anzeigende und Anzeigeempfänger — in unserm Falle also Gast und Gastwirt — die Rechtsfolgen einer wirksamen Anzeige, deren Wirksamkeit beiden bekannt ist, beseitigen

---

179) Erfolgt die Zurücknahme der Anzeige (zweite Anzeige) im Einverständnisse mit dem Gegner, so berührt dies in keiner Weise den Anzeigecharakter der Zurücknahme der Anzeige.

Selbstverständlich kann auch (vgl. Kipp, a. a. O. 115) unter Umständen die im Einverständnisse mit dem Gegner erfolgte Zurücknahme der Anzeige als Vertrag des Inhalts: die Schuld aus BGB. § 701 ist erlassen; der Gast ist so zu behandeln, als wenn die Anzeige nicht erstattet wäre, — aufzufassen sein.

180) Das ergibt sich mit Sicherheit aus den früheren Ausführungen über das Wesen der Anzeige und deren Wirkungen. Zum Überflusse verweise ich auf BGB. § 397.

181) Vgl. Kipp, 115.

182) Von einer Wiederherstellung der Anzeige (Kipp, 115) u. dgl. kann nicht die Rede sein, weil die Rechtsfolgen der ersten Anzeige trotz deren Zurücknahme bestehen bleiben.

wollen. Hier handelt es sich um Erlaß einer Schuld, zu dem gemäß BGB. § 397 ein Vertrag erforderlich ist.

Zum gleichen Ergebnisse gelangt man bei der von Kipp[183]) erwähnten Zurücknahme der Mängelanzeige oder der Anzeige aus BGB. § 149.

Der angezeigte Mangel besteht. Die Rechtsfolgen gemäß BGB. § 478 bzw. § 485 sind eingetreten. Nimmt nachher der anzeigende Käufer irrtümlich an, die erste Anzeige sei unrichtig, die gelieferte Sache sei in der Tat fehlerfrei, ... und darum die Anzeige zurück, so würden für die Zurücknahme dieser Anzeige unsere Ausführungen S. 57/8 repetieren.

Kipp[184]) meint:

„Die Wiederherstellung (der zurückgenommenen Anzeige) muß jedoch vor dem Ablauf der Verjährung geschehen, um einredeerhaltend im Sinne von § 478 wirken zu können. Ebenso muß sie beim Viehhandel innerhalb der zwei Tage des § 485 erfolgen, wenn sie rechtserhaltend wirken soll."

Beides trifft nach unseren früheren Ausführungen nicht zu. Denn die Rechtsfolgen der ersten Anzeige bestehen trotz der Zurücknahme der Anzeige weiter fort. Der Käufer kann daher, wenn sich die erste Anzeige trotz der Zurücknahme schließlich doch als das Richtige herausstellt, die Wirkungen der Zurücknahme der Anzeige[185]) (der zweiten Anzeige) sofort durch eine neue berichtigende Mitteilung beseitigen.

Entspricht die Anzeige von der Verspätung der Annahme (BGB. § 149) der Wahrheit, so ist eine Zurücknahme der zugegangenen Anzeige unmöglich. In diesem Falle „ist der Vertrag durch die Verspätung der Annahme gescheitert. Das Eintreten der Fiktion des § 149 Satz 2 ist durch die Anzeige definitiv ausgeschlossen, der Vertrag kann nur neu errichtet werden"[186—187]).

183) A. a. O. 115—117.

184) A. a. O. 115.

185) Vgl. S. 58 dieser Abhandlung.

186) Kipp, a. a. O. 116/7.

187) Die Rechtsfolgen der irrtümlichen (unrichtigen) Anzeige von der Verspätung der Annahme und der berichtigenden zweiten Mitteilung bespricht eingehend Kipp, a. a. O. 116. Vgl. auch S. 48 und Note 146 dieser Abhandlung.

Zu Ib.

Wohl am meisten erörtert ist die Frage nach der Zurücknahme der Anzeige für die §§ 409 und 576 BGB.[188]). Es empfiehlt sich hier die in BGB. § 409 I Satz 1 und 2 geregelten Fälle getrennt zu behandeln.

1. War die Anzeige gemäß BGB. § 409 I Satz 1 und 2 oder § 576 irrtümlich oder zum Scherz usw. abgegeben, und ist dies dem Anzeigeempfänger (Schuldner, Mieter) bekannt, so bleiben alle Rechtsfolgen der Anzeige aus.

Von einer Zurücknahme der Anzeige kann hier nicht die Rede sein, noch weniger von einer Anwendung der §§ 409 II bzw. 576 II BGB.

War eine Urkunde dem „neuen Gläubiger" ausgestellt, so kann der alte Gläubiger die Herausgabe der Urkunde verlangen (BGB. §§ 812 fg.).

2. War die Anzeige gemäß BGB. § 409 I oder 576 objektiv unrichtig, dem Anzeigeempfänger aber ein Fehler der Anzeige als solcher[189]) nicht bekannt, so treten die Rechtsfolgen gemäß BGB § 409 I Satz 1 ein. Hier sind folgende Fälle zu unterscheiden.

α) Der alte Gläubiger hat die Urkunde dem neuen Gläubiger ausgestellt und ausgehändigt. Der neue Gläubiger hat sie dem Schuldner noch nicht vorgelegt. Dann kann der alte Gläubiger

αα) die Urkunde vom neuen Gläubiger kondizieren[190]), eventuell sich dadurch schützen, daß er einstweilige Verfügungen gemäß ZPO. §§ 935 fg. erwirkt[191]).

ββ) diese Anzeige gemäß BGB. § 130 I Satz 2 durch eine neue Mitteilung an den Schuldner widerrufen[192]).

β) Der neue Gläubiger hat die Urkunde dem Schuldner vorgelegt. — Fälle des § 409 I Satz 2.

αα) Der alte Gläubiger läßt dem Schuldner eine neue berichtigende Mitteilung zugehen. Hierdurch ist ihm in den durch

[188]) Ich verweise hier zunächst auf das S. 48/9 Gesagte.

[189]) Vgl. S. 50 dieser Abhandlung.

[190]) Schollmeyer, zu § 409 Note 4; Oertmann, zu § 409 Note 3.

[191]) Oertmann, zu § 409 Note 3.

[192]) Eine Zurücknahme der Anzeige ist in diesen Fällen ausgeschlossen

BGB. § 409 I Satz 1 geregelten Fällen[193]) geholfen, wenn der Schuldner, der gemäß BGB. § 409 I Satz 1 und 576 nur berechtigt und nicht verpflichtet ist, die Leistung an den neuen Gläubiger zu bewirken, nunmehr auf die berichtigende Mitteilung hin an den alten Gläubiger leistet. — Der Schuldner kann aber auch nach der berichtigenden Mitteilung an den neuen Gläubiger wirksam leisten. Denn die Rechtsfolge der ersten Anzeige: „Die Rechtsposition des Bezeichneten sich als Gläubiger vom Schuldner behandeln zu lassen" [194]), besteht trotz der berichtigenden Mitteilung noch fort.

ββ) Darum geht der alte Gläubiger nur dann sicher, wenn er die Anzeige dem Schuldner gegenüber zurücknimmt und gegen den neuen Gläubiger auf Herausgabe der ungerechtfertigten Bereicherung: „Der unberechtigten Rechtsposition sich als „„Gläubiger"" vom Schuldner behandeln zu lassen", — auf Zustimmung zur Zurücknahme der Anzeige klagt[195]). Mit der rechtskräftigen Verurteilung zur Zustimmungserklärung gilt die Zustimmung als erklärt (ZPO. § 894)[196]), — ist die ungerechtfertigte Bereicherung des neuen Gläubigers weggefallen.

Die Zurücknahme der Anzeige, welche uns hier begegnet, ist ein einseitiges Rechtsgeschäft[197]).

Das Gesagte gilt auch für den Fall, daß die Abtretung nachträglich ihre Wirksamkeit verloren hat (BGB. § 812 I Satz 2).

3. Die Anzeige ist richtig. Zurücknahme der Anzeige mit Zustimmung des neuen Gläubigers ist möglich, Ersetzung der Zustimmungserklärung durch Urteil (keine ungerechtfertigte Bereicherung!) hingegen ausgeschlossen.

---

193) Vgl. auch § 410 I Satz 1.

194) Schollmeyer, zu § 409 Note 4.

195) Vgl. Schollmeyer, zu § 409 Note 4; Planck, zu § 409 Ziffer 4, dort weitere Zitate.

196) Über Einzelheiten vgl. Schollmeyer, zu § 409 Note 4 (S. 387).

197) Übereinstimmend Schollmeyer, zu § 409 Ziffer 4 S. 386. — Diese Zurücknahme (Willenserklärung) beseitigt mit Zustimmung des neuen Gläubigers die ganzen Rechtsfolgen der Anzeige.

Zu II.

Zurücknahme von Willensmitteilungen!

a) A kündigt dem B an, er werde in drei Tagen ihm die geschuldeten 2000 Zentner Kohlen anliefern. Nach zwei Tagen nimmt er diese Anzeige zurück. Diese Zurücknahme übt keinerlei Wirkung aus. B kann, weil er im Vertrauen auf die Ankündigung A's hin Vorbereitungen getroffen hat, eine Entschädigung für diese Tätigkeit verlangen.

b) A hat dem Zeitbürgen B gemäß BGB. § 777 angezeigt, „daß er ihn in Anspruch nehme". Nach einigen Tagen nimmt er diese Anzeige zurück. Welche Rechtsfolgen knüpft die Rechtsordnung an diese Zurücknahme? Rechtsfolge der Anzeige des A ist der Fortbestand der Forderung gegen den Bürgen. Eine Zurücknahme der Anzeige müßte also den Fortbestand der Forderung aufheben. Hierzu ist aber gemäß BGB. § 397 ein Vertrag erforderlich. Die Zurücknahme der Anzeige aus § 777 BGB. übt also keinerlei Wirkungen aus[198]). Selbstverständlich kann der Gläubiger es demnächst unterlassen, seine gemäß BGB. § 777 fortexistierende Forderung gegen den Bürgen geltend zu machen.

c) Und noch ein letztes Beispiel! Die Zurücknahme der Anzeige aus BGB. § 1289! — Das Pfandrecht an einer Forderung erstreckt sich gemäß BGB. § 1289 auf die Zinsen einer Forderung. Die Zinsforderungen werden aber mit Ablauf eines Jahres nach Eintritt der Fälligkeit von der Haftung frei, wenn nicht der Gläubiger vorher dem Zinsschuldner anzeigt, daß er von seinem Einziehungsrechte Gebrauch mache[199]) (BGB. § 1289, vgl. auch BGB. §§ 1123, 1124, 1125). Kann der Gläubiger diese Anzeige zurücknehmen?

Kipp[200] gelangt zu folgendem Ergebnis: „Die Frage, welche Wirkung die Zurücknahme der Anzeige hat, entzieht sich der reinen Beantwortung. Denn der Gläubiger kann das Pfandrecht an der Zinsforderung, wie jedes andere, durch einseitige Erklärung auf-

198) Übereinstimmend Kipp, 118; Planck, zu § 777 Note 4 b, Oertmann zu § 177 Note 1 a; Fischer-Henle, zu § 777 Anm. 6.

199) Teilweise wörtlich entnommen bei Kipp, a. a. O. 118.

200) A. a. O. 119.

geben (1273 II, 1255 I). Er kann also auch in wirksamer Verzichtsabsicht die Anzeige zurücknehmen, daß er von seinem Einziehungsrechte Gebrauch mache. Das Recht der einseitigen Disposition des Gläubigers über sein Pfandrecht wird aber auch zur Anerkennung des Satzes nötigen, daß der Pfandgläubiger, auch wenn er nicht die positive Verzichtsabsicht hat, durch Zurücknahme der Anzeige das Pfandrecht in die Gefahr des Untergangs mit Ablauf des Jahres zurückgeben kann. Es wird darauf ankommen, ob am Ende des Jahres die Anzeige des Gläubigers, daß er von seinem Einziehungsrechte Gebrauch mache, aufrecht steht."

M. E. ist dem Zinsschuldner dadurch zu helfen, daß man ihm das Recht einräumt, im Falle der Zurücknahme der Anzeige vom Pfandgläubiger eine Erklärung darüber zu verlangen, ob diese Anzeige in positiver Verzichtsabsicht erfolgte oder nicht[201—202].

---

2. Anzeigepflicht.

Die im BGB. geregelten Anzeigen zerfallen in 2 Gruppen, I. die geschuldeten und

---

201) Ich erinnere an die bekannten ähnlichen Entscheidungen für die Fälle des „Ruhens des Interesses", vgl. Krückmann, Unmöglichkeit, § 10, dort S. 261, genaue Literaturangaben; ferner Staudinger-Kuhlenbeck, S. 270; Stammler, die Lehre von dem richtigen Rechte, 572/3; Rabel, Aus römischem und bürgerlichem Recht, Festgabe für Bekker, S. 225 (Note 4).

202) Das RG. V. Zivilsenat hatte in dem Urteil vom 9. November 1904 (abgedruckt: DJZ. X 218 Nr. 16; JW. 05 46 Nr. 12; RGZ. LIX 150) zu den Fragen Stellung zu nehmen, ob

a) die Anzeige im Sinne des BGB. § 478 auch durch Erhebung der Wandelungsklage geschehen kann, und

b) die Wirkungen der Anzeige durch Zurücknahme der Wandelungsklage beseitigt werden.

Das RG. hat die erste Frage bejaht und bei der Entscheidung der zweiten Frage mit Recht hervorgehoben, daß die Zurücknahme der Wandelungsklage an sich nur die Wirkungen habe, welche ihr BGB. § 212 und ZPO. § 271 beilegen. Ergeben also die vorliegenden Erklärungen und Umstände nicht darüber hinaus, daß die Rechtswirkungen der Anzeige erlassen (BGB. § 397) sein sollen, so bleiben die Rechtsfolgen der Anzeige trotz der Zurücknahme der Wandelungsklage bestehen.

Vgl. zu diesem beifallswerten und auch für andere Anzeigefälle zutreffenden Erkenntnis noch Oertmann, zu § 478 Note 2 (S. 401) und Enneccerus[3] I S. 857 Note 5.

II. die nicht geschuldeten Anzeigen.

Die geschuldeten Anzeigen wiederum in

a) die Gruppe der dem Anzeigeempfänger,

b) die Gruppe der einem anderen als dem Anzeige-empfänger

geschuldeten Anzeigen.

Zur Gruppe Ia (dem Anzeigeempfänger geschuldete Anzeigen) gehören die Anzeigen aus

BGB. §§ 149[203]), 374 II, 545[204]) [549 II, 581 II, 836 bis 838], 650 II, 663[205]) [vgl. auch HGB. § 362], 665 [27 III, 713, vgl. auch HGB. § 385 II], 673 [2218 I], 681[206]), 692 [994 II], 694, 727 II[207]) [vgl. HGB. § 137 I], 789, 965[208]), 1042, 1128, 1218 II, 2146 I, 2384 I,

254 II [846],

384 II, 416 III, 1099 II, 1166[209]), 1220 II, 1237, 1241, 1285 II Satz 2, 2035 II,

---

203) Vgl. Staudinger-Riezler³/⁴, zu § 149 Note 1, v. Blume, Versäumnis des Empfanges von Willenserklärungen, Jhering J. LI. 16/17.

204) So schon ALR. Tl. I Tit. 21 § 365.

Außer den Kommentaren und Lehrbüchern vgl. Gumbinner, zur Obhutspflicht des verreisenden Wohnungsmieters, DJZ. XI 194/5.

Aus der Judikatur hebe ich hervor:

RG. VI. 19. April 05, JW. 05 368 Nr. 7; RG. III 15. November 04, abgedruckt in JW. 05 47 Nr. 14 und RGZ. LIX Nr. 48 S. 161. Nach dieser Entscheidung erstreckt sich die Anzeigepflicht des Mieters auch auf die der Prüfung des Vermieters offenliegenden Räume, wie Vorflure und Treppen. Zustimmend Oertmann, zu § 545 Note 1 a. Vgl. ferner DJZ. 8, Spruchsammlung, S. 54 zu § 545; RG. VI. 5. Juli 06, J.W. 06, 546 Nr. 12; RG. VI. 19. III. 08, JW. XXXVII S. 300/301 Nr. 6.

205) Vgl. hierzu Manigk, S. 236 Note 379, 380, S. 385, S. 391 Note 518; Staubs Kommentar zum Handelsgesetzbuch⁸, II zu § 362 Anm. 20 fg., 25, S. 1307; Zitate daselbst.

Ich verweise insbesondere auf die zutreffenden Ausführungen in Anm. 21 daselbst.

206) Vgl. RG. VI. 10. Mai 06, abgedruckt in JW. 06 420 Nr. 4; RGZ. LXIII Nr. 69; und ferner Spruchsammlung 8 DJZ. zu § 681 (Zitate daselbst!)

207) Vgl. S. 23 Note 50.

208) Vgl. Krückmann, Jhering J. LII 438; Urteil des OLG. Dresden 13. Februar 02, OLG. Rspr. IV 332 (Recht, 02 S. 292 Nr. 1425), Urteil des OLG. Hamburg, 10. Mai 06. Recht 06, S. 1377 Nr. 3298.

303, 384 I, 1220 I, 1234 I,
50 II,
510 I Satz I, 2121 I, 2215 I,
823 II StGB. § 139. Ferner die Anzeigen aus BGB. §§ 443, 460, 463, 476, 477, 478 II, 479, 480, 485 Satz 2, 521, 523, 524, 539, 540, 599, 600, 637, 638, 651, 365, 757 [vgl. zu den letztgenannten Anzeigen die Ausführungen in Kapitel III, S. 90fg.].

Hierfür bedarf es keines weiteren Beweises.

Zur Gruppe Ib (einem anderen als dem Anzeigeempfänger geschuldete Anzeigen) rechne ich

1. die Anzeigen aus BGB. §§ 409, 410, 411, 576 (571 II).

Daß der alte Gläubiger nicht dem Anzeigeempfänger [Schuldner (Mieter)] gegenüber zur Anzeige verpflichtet ist, ergibt sich mit Sicherheit, wenn man die Interessenlage des Schuldners im Falle der Zession nachprüft. Solange der Schuldner (Mieter) von der Zession nichts weiß[210]), kann er wirksam an den alten Gläubiger leisten. Die Interessen des Anzeigeempfängers [Schuldners (Mieters)] erfordern also niemals eine Anzeige des Gläubigers von der erfolgten Zession[211]).

Es besteht hingegen eine Anzeigepflicht des alten Gläubigers gegenüber dem neuen Gläubiger.

Der alte Gläubiger muß — so erfordert es gebieterisch die Interessenlage des neuen Gläubigers, — durch seine den neuen

[209]) Vgl. Spruchsammlung 2 der DJZ. S. 29; Spruchsammlung 8 der DJZ. S. 95; Recht 04 Nr. 1067 S. 224; Recht 04 Nr. 2723 S. 631; Recht 06 Nr. 1300 S. 563; RGZ. LXV Nr. 38 (vgl. Fall 7, S. 13—14 dieser Abhandlung!); Spruchsammlung 5 der DJZ. S. 40.

[210]) Vgl. auch BGB. § 410 I Satz 1.

[211]) Selbstverständlich ist aus der wenig glücklichen Fassung des § 411 BGB.: „. . . . . . „ so ist . . . . zu benachrichtigen“, nicht zu folgern, daß hier eine Anzeigeverpflichtung des alten Gläubigers (Militärperson usw.) gegenüber der Schuldnerin (auszahlenden Kasse) bestehe. BGB. § 411 sagt nichts anders, als daß die Anzeige, welche der alte Gläubiger aus der dem neuen Gläubiger gegenüber bestehenden Anzeigeverpflichtung an die Schuldnerin zu erstatten hat, nur dann wirksam ist, wenn sie in der § 411 Satz 1 bestimmten Form erfolgt.

Gläubiger legitimierende Anzeige beim Schuldner darauf hinwirken, daß der Schuldner an den neuen Gläubiger leistet.

2. Die Anzeige aus BGB. § 416 III Satz 1.

Keine Verpflichtung des „Veräußerers" (BGB. § 416 I Satz 1) zur Anzeige gegenüber dem Anzeigeempfänger! Wirkt doch die Schuldübernahme erst nach der Mitteilung des Veräußerers auf die Interessensphäre des Gläubigers ein (§ 416 I Satz 2).

Die Anzeigeverpflichtung des „Veräußerers" gegenüber dem „Erwerber" regelt BGB. § 416 III Satz 1 [„der Veräußerer hat auf Verlangen des Erwerbers dem Gläubiger die Schuldübernahme mitzuteilen"].

3. Die Anzeigen aus BGB. §§ 1205 II, 1280.

Daß hier keine Verpflichtung des Anzeigenden [Eigentümers (§ 1205), Gläubigers (§ 1280)] gegenüber dem Anzeigeempfänger (Besitzer, Schuldner) sondern lediglich eine Anzeigeverpflichtung gegenüber dem Pfandgläubiger besteht, ist selbstverständlich.

Gruppe II.

Um nicht geschuldete Anzeigen handelt es sich bei den Anzeigen aus

BGB. §§ 170, 171, 172, 174 Satz 2,

415[212]),

478 I[213]), 485 Satz 1[214]), 639 II, 703, 792 II, 804 I, 824 II, 1099 I,

777[214a]), 1289,

299,

658 I Satz 2,

---

212) Auch in den durch BGB. § 415 I (vgl. auch S. 56 dieser Abhandlung) geregelten Anzeigefällen ist eine Anzeigeverpflichtung des Schuldners gegenüber dem Gläubiger (Anzeigeempfänger) nicht zu begründen. Es besteht aber auch nicht eine Anzeigeverpflichtung des Schuldners gegenüber dem Dritten. Ich berufe mich hierfür auf die abweichende Regelung in BGB. § 416 III Satz 1.

213) Schneider, Über Mängelanzeigen beim Viehhandelsrechte, DJZ. VIII. 100

214) Vgl. Herter, Zur Auslegung der §§ 490 und 492 BGB., JW. 06 731 fg.

214a) Vgl. RG. V. Urteil vom 1. April 1908, JW. 08, S 328 Nr. 8.

111 Satz 3,

52 I, 209 Ziffer 2, 382, 1171 III, 973 I Satz 1, 974, 980 I, 1974 I Satz 1, 2061 I[215]).

Mit Rücksicht auf Äußerungen des Schrifttums aus allerneuester Zeit ist dies näher darzulegen für die Anzeigen aus BGB. §§ 170, 171, 172, 174 Satz 2 und die Anzeige aus BGB. § 485 Satz 1.

Gegen die Annahme einer Verpflichtung des Vollmachtgebers (BGB. §§ 170[216]), 171, 172, 174 Satz 2) zur Erstattung der Anzeige vom Erlöschen der Vollmacht spricht m. E. derselbe Grund, welchen ich S. 65 dieser Abhandlung gegen die Annahme einer Anzeigeverpflichtung des Gläubigers gegenüber dem Schuldner in den durch BGB. §§ 409, 410, 411, 576 (571 II) geregelten Anzeigefällen anführte. Der Dritte ist durch BGB. § 170 ausreichend gegen Unwirksamkeit seines Geschäfts wegen erloschener Vollmacht geschützt. Folglich wäre eine Verpflichtung zur Erlöschensanzeige überflüssig.

Eingehender ist zu den neuesten Erörterungen Josefs[217]) Stellung zu nehmen. Denn sie verwischen — möchte ich glauben, — die notwendige scharfe Grenze zwischen Anzeigerecht und Anzeigepflicht. Josef führt nämlich unter Hinweis auf den Entwurf eines Gesetzes über den Versicherungsvertrag und HGB. § 377 aus, bei den Anzeigen aus BGB § 485 handle es sich um geschuldete Anzeigen, und darum seien auch (das erwünschte Ergebnis!) die §§ 193 und 278 BGB. auf die durch BGB. § 485 geregelten Anzeigen anzuwenden.

Bevor ich zu der Frage: Handelt es sich bei der Anzeige aus BGB. § 485 um eine geschuldete Anzeige oder nicht, Stellung nehme und die entscheidenden Gesichtspunkte darstelle, aus denen heraus diese Frage beantwortet werden muß, will ich mich zunächst in aller Kürze über die Anwendbarkeit des § 193 BGB. auf die Anzeigen aus BGB. § 485 verbreiten.

215) „sich melden", „anmelden".

216) Vgl. Staudinger-Riezler$^{3/4}$, zu § 170 Note 5 (S. 541).

217) Josef, Die Anwendbarkeit des § 278 BGB. auf die Anzeigepflicht des Versicherungsnehmers, Gruchots Beitr. LII (1908), 274 und 285

Mit Staudinger-Riezler[218]) nehme ich an, daß BGB. § 193 sich „nicht nur auf diejenigen Fälle bezieht, in denen eine Rechtspflicht zur Abgabe einer Willenserklärung besteht, sondern auch auf diejenigen Fälle, in denen eine Willenserklärung, zu deren Abgabe an sich keine Verpflichtung besteht, in dem Sinne innerhalb einer Frist ‚abzugeben' ist, daß an ihre Nichtabgabe innerhalb der Frist irgendwelcher Rechtsnachteil sich knüpft, z. B. Verjährung, Verlust des Anfechtungsrechtes, des Kündigungsrechtes usw." Dieser so inhaltlich bestimmte § 193 BGB. ist analog auf die Anzeigen anzuwenden. Demgemäß gilt BGB. § 193 auch für die Anzeigen aus BGB. § 485, mögen diese Anzeigen geschuldet sein oder nicht.

Ich wende mich nunmehr der Frage zu: Handelt es sich bei der Anzeige aus BGB. § 485 Satz 1 um eine geschuldete Anzeige oder nicht?

Um diese Frage mit Sicherheit beantworten zu können, muß man zunächst die Interessenlage in den in der Gruppe Ia und b[219]) zusammengestellten Anzeigepflichtfällen, für die kein Zweifel darüber möglich ist, daß die Anzeige geschuldet wird, deutlich herausstellen, um dann nachzuprüfen, ob die Interessenlage bei den durch BGB. § 485 geregelten Anzeigen dieselbe ist.

Typisch für die Fälle der Gruppe Ia und b ist es, daß der Anzeigeempfänger noch handeln muß und sein künftiges Handeln nur dann zweckentsprechend einrichten kann, wenn er die Anzeige erhalten hat, oder daß dem Anzeigeempfänger bzw. den sub Ib genannten Personen aus der Nichtanzeige ein Schaden droht, ... während die Anzeige anderseits für den Anzeigenden höchstens ein untergeordnetes Interesse hat. Also: Überwiegendes Interesse des Anzeigeempfängers bzw. der sub Ib genannten Personen an der Vornahme der Anzeige![219a])

---

[218]) Zu § 193 Note 1, dort genaue Literaturangaben.

[219]) Vgl. S. 64—66 dieser Abhandlung.

[219a]) Auch bei der Androhung bei Successivgeschäften (vgl. neustens Brecht, System der Vertragshaftung, Jhering J. LIII. 265, 267, 268, 270, 271 Zitate daselbst) handelt es sich nicht um eine geschuldete Anzeige. Unterbleibt hier die Androhung, so bleibt alles unverändert. Der Gläubiger kann nicht zurücktreten usw. Nur Anzeigerecht!

Ganz anders bei der Anzeige aus BGB. § 485!

Hier braucht der Anzeigeempfänger nicht eher zu handeln, als bis der Anzeigende ihm die Anzeige zugehen läßt. Hier hat der Anzeigeempfänger (Verkäufer) ja gerade ein Interesse daran, daß die Anzeige überhaupt nicht erfolgt. Hier kann der Verkäufer doch höchstens nur wollen, daß, wenn eine Anzeige im Sinne des § 485 BGB. überhaupt erfolgen wird, diese Anzeige innerhalb einer bestimmten kürzeren Frist erfolgt sein muß. Hier ist das Interesse des Anzeigenden das überwiegende. Weil der Anzeigende mit der Anzeige seine Interessen wahrt, weil anderseits für den Anzeigenden keine rechtliche Verpflichtung besteht, seine Interessen durch Vornahme der Anzeige wahrzunehmen, so kann nur von einem Anzeigerecht die Rede sein, das selbstverständlich ebensowenig wie das Recht: Rückgängigmachung des Kaufes (Wandelung) oder Herabsetzung des Kaufpreises (Minderung) zu verlangen, aufhört ein Recht zu sein, weil es nur innerhalb einer bestimmten Zeit ausgeübt werden kann. Der Käufer, welcher die Anzeige aus § 485 BGB. unterläßt, verletzt also nicht eine Anzeigepflicht, sondern unterläßt die Ausübung eines Rechtes.

Überwiegendes Interesse des Anzeigenden! Der Verkäufer ist dadurch genügend geschützt, daß das Anzeigerecht nur innerhalb einer kurzen Frist ausgeübt werden kann.

Josef beruft sich für seine Auslegung des § 485 BGB. noch auf HGB. § 377.

Aber dieser Hinweis auf HGB. § 377 kann unsere Ausführungen über BGB. § 485 nicht widerlegen. Denn die Technik unserer Gesetze ist noch nicht so vollkommen, daß sie überall zweifelsfrei zum Ausdruck bringt, ob das Gesetz eine Anzeigepflicht auferlegt oder aber ein Anzeigerecht gewährt. Ja, ich möchte auch für die durch HGB. § 377 geregelten Anzeigen annehmen, daß es sich nicht um geschuldete Anzeigen[220]) handelt.

---

[220]) Man vergleiche HGB. § 377 I, II, III. Diese Bestimmung sagt doch nur:

Der Käufer kann die gelieferte Ware nur binnen der Abs. I bzw. III genau bestimmten Frist als mangelhaft rügen.

Unterläßt er die Rüge, so geht er seiner Rechte verlustig.

Ich verweise auch auf Zitelmann, Das Recht des BGB T 167.

Da BGB. § 485 keine Anzeigepflicht auferlegt, so kann BGB. § 278 selbstverständlich nicht auf die durch BGB. § 485 geregelten Anzeigen Anwendung finden. Beauftragt der Käufer den X, für den Käufer die Anzeige (als Bote) vorzunehmen, und unterläßt X die Anzeige, so geht der Käufer seines Rechts aus BGB. § 485 verlustig. Die Anzeige muß dem Verkäufer zugegangen sein[221])!

Nach dieser Zusammenstellung der ausdrücklichen Anzeigepflichtnormen unseres BGB. wende ich mich nunmehr der Frage nach dem Inhalt der Anzeigeverpflichtung zu.

Ich kann mich hier kurz fassen. Geschuldet wird eine Anzeige, die den früher näher bestimmten Erfordernissen (vgl. namentlich die Ausführungen über das Wesen der Anzeige[222]), über Zugangsbedürftigkeit der Anzeige[223]), über die für die Anzeigen zu fordernde Deutlichkeit[224])) entspricht. Über scheinbare Ausnahmen vgl. S. 82fg. dieser Abhandlung.

Hervorzuheben ist hier nur noch folgendes:

A. In einer Reihe von Fällen muß die Anzeige (Schuldinhalt!) unverzüglich (BGB. § 121 I Satz 1) erfolgen. Ausdrücklich vorgeschrieben ist dies vom BGB. für die in BGB. §§ 149, 374 II, 384 II, 510 I, 545 I, 650 II, 663, 673, 727 II, 789, 965, 1042, 1166, 1218 II, 1220 II, 1241, 1285 II, 2035 II, 2146 I, 2384 I geregelten Anzeigen.

Nach BGB. § 681 Satz 1 ist die Übernahme der Geschäftsführung „sobald es tunlich ist“ anzuzeigen.

Nach BGB. § 1099 II muß die Benachrichtigung erfolgen, „sobald die Ausübung des Vorkaufsrechts erfolgt oder ausgeschlossen ist“.

Für die durch BGB. § 823 II StGB. § 139 geregelten Anzeigen ist vorgeschrieben, daß sie (StGB. § 139) „zur rechten

---

221) Zu Josefs Ausführungen über die Anzeigenormen des Entwurfs eines Gesetzes über den Versicherungsvertrag kann ich hier nicht Stellung nehmen. Eine Auseinandersetzung wäre auch schon deshalb zwecklos, weil ich Josefs Auffassung: es gebe auch richtungsbedürftige Anzeigen, ablehne.

222) Vgl. S. 32 fg. dieser Abhandlung.

223) Vgl. S. 34 fg. dieser Abhandlung.

224) Vgl. S. 40 fg. dieser Abhandlung.

Zeit" erfolgen müssen, also unter Umständen unverzüglich, jedenfalls aber stets so früh, daß die Behörde bzw. die bedrohte Person Vorkehrungen zur Verhütung des Verbrechens treffen kann[225]).

Aber auch für die übrigen Anzeigepflichtfälle, für die das Gesetz sich einer ausdrücklichen Entscheidung darüber, innerhalb welcher Zeit die Anzeige erfolgt sein muß, enthalten hat, läßt sich — jedenfalls für den einzelnen Fall — unschwer bestimmen, ob die Anzeige rechtzeitig erfolgt ist oder nicht.

Man nehme BGB. § 692!

Ist der Verwahrer gezwungen[226]), die vereinbarte Art der Aufbewahrung zu ändern, so muß er, wenn mit dem Aufschube der Änderung Gefahr verbunden ist, die Anzeige unverzüglich erstatten.

B. BGB. §§ 50 II und 1237 legen die Verpflichtung auf, die Gläubiger durch „besondere Mitteilung" aufzufordern bzw. bestimmte Personen „besonders zu benachrichtigen". Darüber, was das BGB. unter „besonderer Mitteilung" versteht, wird im Schrifttum — vgl. v. Seeler, Vollmacht und Scheinvollmacht, ArchBürgR. XXVIII 51 und Staudinger-Riezler[3/4] zu §§ 171/2 Note 4 (S. 544) — gestritten. Weil das BGB. die „besondere Mitteilung" allenthalben — vgl. BGB. §§ 50 I, 1237 Satz 1, 171 I, 172, 658 I Satz 2 — der „öffenlichen Bekanntmachung" gegenüberstellt, möchte ich annehmen, daß zur „besonderen Mitteilung" jede an einen einzelnen Anzeigeempfänger gerichtete schriftliche oder mündliche Mitteilung genügt, auch die Mitteilung durch einen Boten (Erfüllungsgehilfen). Das Gesetz bietet keinerlei Anhaltspunkte für eine engere Umgrenzung des Begriffs.

C. Schon S. 11 Note 8 dieser Abhandlung deutete ich an, daß der Anzeigende in einer Reihe von Anzeigepflichtfällen die geschuldete Anzeige glaubhaft machen muß. Das Gesetz regelt diese Frage selbst nur für die Anzeigen aus BGB. §§ 2121 und 2215 [vgl. BGB. §§ 2121 I Satz 2, II—IV, 2215 II—V], über-

---

225) Vgl. Olshausen[7], Kommentar zum Strafgesetzbuch für das Deutsche Reich, I zu § 139 Note 10.

226) Vgl. hierzu Klein, Die Lehre vom ordre public, ArchBürgR. XXIX 362/3. Dort Note 81 weitere Zitate

läßt also im übrigen die Beantwortung dieser Frage der Wissenschaft und Praxis.

Es versteht sich nun von selbst, daß bei den Willensmitteilungen unter den geschuldeten Anzeigen [vgl. BGB. §§ 303, 384 I, 1220 I, 1234 I] keine Verpflichtung zur Glaubhaftmachung der Anzeige besteht. Aber auch bei den geschuldeten Vorstellungsmitteilungen bilden die Fälle, in denen der Anzeigende auch zur Glaubhaftmachung der Anzeige verpflichtet ist, die Ausnahme.

Hier nur einige kurze Bemerkungen!

Bezüglich der durch BGB. § 374 II geregelten Anzeigen verweise ich auf das Note 8 dieser Abhandlung Gesagte.

Zeigt der Mieter dem Vermieter (BGB. § 545) an[227]), der letzte Sturm habe die Schornsteine des Miethauses stark beschädigt, so ist er nicht verpflichtet, die Nummern der Lokalzeitungen, welche von den verheerenden Wirkungen dieses Sturmes berichten, oder gar eine Bestätigung seiner Behauptungen durch eine Persönlichkeit, die öffentlichen Glauben genießt, einzuschicken. Hier genügt die einfache Anzeige. Der Empfänger ist ja dadurch genügend geschützt, daß seine Handlungen, die er auf die Anzeige hin vornimmt, im Falle der Unrichtigkeit der Anzeige auf die Gefahr des Anzeigenden gehen.

Ebensowenig kann vom Erben des Beauftragten (BGB. § 673) oder Gesellschafters (BGB. § 727) verlangt werden, daß er zum Zwecke der Glaubhaftmachung seiner Anzeige vom Tode des Beauftragten bzw. Gesellschafters eine Sterbeurkunde beifügt,

oder vom Schuldner in den Fällen des BGB. § 384 II, daß er mit der Anzeige eine Abschrift des Versteigerungsprotokolls übersendet.

Und wenn der „Antragende" in den Fällen des § 149 BGB. unverzüglich nach dem Empfange der Annahmeerklärung deren verspäteten Zugang anzeigt, so ist er selbstverständlich nicht verpflichtet seine Anzeige durch Beifügung des abgestempelten Briefumschlags glaubhaft zu machen und damit das für einen möglichen späteren

---

[227]) Das Gleiche gilt für die durch BGB. § 1042 geregelte Anzeige.

Prozeß wichtigste Beweisstück aus der Hand zu geben. Hier genügt vielmehr die einfache Anzeige. Kann doch der Anzeigeempfänger — um sich von der Richtigkeit der Anzeige zu überzeugen, — Vorlegung des abgestempelten Briefumschlags gemäß BGB. §§ 810, 811 verlangen.

Anders lautet die Entscheidung nur für **die** Anzeigepflichtfälle, in denen der zur Anzeige Verpflichtete eine **Tatsache** anzeigt, **deren Vorliegen eine Verpflichtung des Anzeigepflichtigen gegenüber dem Anzeigeempfänger zum Erlöschen bringen würde.** Ich denke hier speziell an die von Krückmann[228]) eingehend behandelte Anzeige von der „Unmöglichkeit" und „Unerschwinglichkeit" der Leistung.

Weil ich die Vorfrage: Ist der Schuldner im Falle der Unmöglichkeit bzw. Unerschwinglichkeit der Leistung verpflichtet, dem Gläubiger hiervon unverzüglich Nachricht zu geben, erst im späteren[229]) Verlaufe dieser Abhandlung und in anderem Zusammenhange beantworten kann, anderseits aber an dieser Stelle eine möglichst abschließende und vollständige Lösung der sub C gestellten Frage: inwieweit muß der Anzeigepflichtige seine Anzeige noch glaubhaft machen, anstreben muß, so sind hier die Ergebnisse bezüglich der Vorfrage vorwegzunehmen, um auf sie gestützt zu den oben genannten Anzeigefällen Stellung zu nehmen.

M. E. besteht für den Schuldner die Verpflichtung von der eintretenden Unmöglichkeit bzw. Unerschwinglichkeit der Leistung den Gläubiger unverzüglich zu benachrichtigen.

Prüft man nun in diesen Anzeigepflichtfällen die Interessenlage sorgfältig nach, so kann es keinem Zweifel unterliegen, daß vom Schuldner grundsätzlich[230]) Glaubhaftmachung der Anzeige von der Unmöglichkeit bzw. Unerschwinglichkeit der Leistung ver-

[228]) Vgl. Krückmann, Unmöglichkeit 185—190.

[229]) Vgl. S. 111 fg. dieser Abhandlung.

[230]) Auch hier kommt schließlich alles auf die Umstände des einzelnen Falles an. Meldet sich der Buchhalter, der seit 20 Jahren beim Prinzipal beschäftigt ist und sich als hervorragend pflichttreu erwiesen hat, für einen Tag krank, so kann der Prinzipal selbstverständlich nicht verlangen, daß der Buchhalter seiner Anzeige ein ärztliches Attest zum Zwecke der Glaubhaftmachung beifügt.

langt werden muß. „Denn wenn der Gläubiger" — wie Krückmann[231]) zutreffend ausführt — „jedem Schuldner, der Unmöglichkeit oder Unerschwinglichkeit der Leistung vorschützt, ohne weiteres glauben müßte, könnte man besser den Rechtssatz erlassen: „Jeder Schuldner wird frei, sobald er seinem Gläubiger gegenüber Unmöglichkeit oder Unerschwinglichkeit der Leistung behauptet." Dem Gläubiger muß eine so hinreichende Gewißheit von der Richtigkeit der in der Anzeige angeführten Tatsachen verschafft werden, daß er kein vernünftiges Interesse[232]) daran haben kann, den Versuch zu unternehmen, in einem Prozesse sich über die Richtigkeit oder Unrichtigkeit der Anzeige zu vergewissern, speziell die Unwahrheit des Behaupteten zu erweisen.

Wie kann nun der Anzeigepflichtige dem Anzeigeempfänger — ohne daß es zu einem Prozesse kommt, — die Möglichkeit gewähren, die Behauptung des Anzeigepflichtigen auf ihre Richtigkeit nachzuprüfen? —

...... Dem praktischen Rechtsleben ist es naturgemäß schon heute vielfach gelungen, hier die tauglichen und angemessenen Mittel ausfindig zu machen. Der erkrankte Sänger, Schauspieler usw. begnügen sich nicht mit der bloßen Anzeige von ihrer Heiserkeit[233]), sie fügen vielmehr ihrer Anzeige die ärztliche Bescheinigung bei. — Ist das Ereignis, welches die Unmöglichkeit bzw. Unerschwinglichkeit der Leistung verursachte, lokalbekannt, so sind Nummern der Lokalzeitungen zur Glaubhaftmachung der Anzeige mitzusenden, so z. B. in den von Krückmann angeführten Fällen des Brandes der Kornmühle, bzw. Baumwollsaatmühle, auch bei einem lokalen Streik von Bergarbeitern, beim Untergang des vermieteten Schiffes u. dgl. Eventuell kann sich der Schuldner dadurch helfen, daß eine Persönlichkeit, die öffentlichen Glauben genießt, die Behauptung des Schuldners bestätigt. Der Schuldner zeigt an, ihm sei der Diensteintritt unmöglich, weil er sich in Untersuchungshaft befinde, und läßt diese Anzeige durch den Ge-

---

[231]) A. a. O. 185/6.

[232]) Objektiver Maßstab!

[233]) Ich schließe mich in den weiteren Erörterungen den Ausführungen Krückmanns a. a. O 185—189 vollständig an.

fängnisinspektor beglaubigen. — Wohnt der Gläubiger an Ort und Stelle, so wird der Schuldner auch dadurch unter Umständen seiner Verpflichtung genügen können, daß er dem Anzeigeempfänger bei der Anzeige Einnahme des Augenscheins anbietet, vor allem dann, wenn eine andere Art der Glaubhaftmachung den Schuldner mit erheblichen Kosten belasten würde[234]), während der Gläubiger im Falle der Einnahme des Augenscheins sich nur der geringen Mühe eines Ganges zum Schuldner unterziehen muß. Voraussetzung ist selbstverständlich, daß die Inaugenscheinnahme dem gerade in Frage stehenden Gläubiger die nötige Gewißheit verschaffen kann. — Auch die Aussage eines glaubwürdigen Zeugen kann gegebenenfalls zur Glaubhaftmachung der Anzeige genügen.

Stehen dem Schuldner mehrere der oben genannten Mittel zur Glaubhaftmachung der Anzeige zu Gebote, so kann er selbstverständlich dasjenige wählen, welches ihn am wenigsten belastet. Genügt doch jede Art der Glaubhaftmachung, „welche dem Gläubiger diejenigen Überzeugungsmittel verschafft, die außerhalb eines Prozesses regelrecht genügen, um einem sorgfältigen Durchschnittsmenschen den historischen Beweis eines bestimmten zu beweisenden Geschehnisses zu erbringen[235]).“ Fordert der Gläubiger mehr — z. B. obwohl er sich von der Krankheit des Schuldners ohne Gefahr für die eigene Gesundheit durch Inaugenscheinnahme überzeugen kann, Glaubhaftmachung der Anzeige durch ein ärztliches Attest, — so fallen dem Gläubiger die Kosten dieser Glaubhaftmachung (des Attestes) zur Last.

Fehlen dem Schuldner die sämtlichen oben angeführten Mittel zur Glaubhaftmachung der Anzeige, so kann der Gläubiger gegen den Schuldner auf Leistung klagen, um im Prozeß sich die nötige Gewißheit darüber zu verschaffen, ob die Leistung wirklich unmöglich bzw. unerschwinglich geworden ist oder nicht. Wen treffen hier die Kosten des Prozesses? Besteht für die Schuldner die Verpflichtung zur Glaubhaftmachung der Anzeige, so müssen, weil ein anderes billigeres Mittel als der Prozeß nicht zu Gebote steht,

[234]) Z. B. für ein ärztliches Attest.
[235]) Krückmann, a. a. O. 188 entnommen.

die Kosten des Prozesses den Schuldner treffen[236]). Selbstverständlich nur die Prozeßkosten, welche nötig geworden sind, um den Gläubiger über den Tatbestand der Unmöglichkeit und Unerschwinglichkeit der Leistung zu vergewissern.

Und noch ein Letztes! Der Schuldner muß, wenn er nicht von vorneherein die Anzeige von der Unmöglichkeit bzw. Unerschwinglichkeit der Leistung glaubhaft macht, jedenfalls bei der Anzeige angeben, wie er die Anzeige glaubhaft machen kann und will. Sonst ist der Gläubiger zur Klage berechtigt.

. . . . . . Unterläßt der Schuldner die Anzeige von der Unmöglichkeit bzw. Unerschwinglichkeit der Leistung, so fallen die Kosten des Prozesses, in dem der Gläubiger Leistungsbewirkung verlangt, selbstverständlich dem Schuldner[237]) zur Last.

D. Daß die §§ 276—278 BGB. auch für die Anzeigeverpflichtungen gelten, bedarf keines weiteren Beweises. Wertvolle Gesichtspunkte für eine richtige Auslegung dieser Bestimmungen bei Anzeigeverpflichtungen bietet § 18 des Entwurfs eines Gesetzes über den Versicherungsvertrag[238]).

Mit der Begründung der Anzeigeverpflichtung brauche ich mich nicht näher zu beschäftigen. Die Anzeigeverpflichtung fließt entweder ex lege[239]) oder beruht auf ausdrücklicher Vereinbarung

---

[236]) Näheres bei Krückmann, a. a. O. 188 und 190. Man vgl. auch die Regelung in §§ 811 II, 2121 und 2215 BGB.

[237]) Vgl. Krückmann, a. a. O. 187; Zitate daselbst.

[238]) § 18 bestimmt:

Ein Umstand nach welchem der Versicherer ausdrücklich und schriftlich gefragt hat, gilt im Zweifel als erheblich.

Hatte der Versicherungsnehmer die Gefahrumstände an der Hand schriftlicher von dem Versicherer gestellter Fragen anzuzeigen, so kann der Versicherer wegen unterbliebener Anzeige eines Umstandes, nach welchem nicht ausdrücklich gefragt worden ist, nur im Falle arglistiger Verschweigung zurücktreten.

Vgl. auch S. 89.

[239]) Hierher gehören auch die Fälle, in denen eine Benachrichtigungspflicht sich aus einer bisher von den Parteien eingehaltenen Geschäftsübung ergibt. Vgl. S. 103 fg. dieser Abhandlung und Stammler, die Lehre von dem richtigen Rechte, 529!

Hier sei eine Bemerkung für die Anzeigepflichtfälle im HGB. gestattet! Weil nach zahlreichen Normen des HGB. — vgl. HGB. §§ 59, 94, 96, 99,

(BGB. § 305)[240]. — Bezüglich des Verhältnisses der Anzeigeverpflichtung zum zusammengesetzten Rechts-(Schuld-)Verhältnisse verweise ich auf das S. 23/4 Note 50 dieser Abhandlung Gesagte. Über die mit der Anzeigeverpflichtung verfolgten gesetzgeberischen Ziele vgl. S. 101 dieser Abhandlung!

Eingehender ist die Frage nach den Inhaltsänderungen der Anzeigepflicht[241]) zu erörtern. Ich beginne mit der Darstellung der Schuldinhaltsänderung bei Anzeigeverflichtungen durch Abänderungsvertrag[242]).

346, 359, 361, 393, 396, 428, — auf die „im Handelsverkehre geltenden Gewohnheiten und Gebräuche", eventuell den „Ortsgebrauch" Rücksicht genommen werden muß, so muß sich für handelsrechtliche Rechtsverhältnisse eine Nachprüfung in Ansehung der Anzeigepflicht stets sowohl auf die gesetzliche Regelung als auch auf den Handels-(Orts-)Gebrauch erstrecken. Kann doch der Handels-(Orts-)Gebrauch in Ansehung der Anzeigepflicht die gesetzliche Regelung erheblich abändern und in weitem Maße neue Anzeigepflichtnormen schaffen

240) Diese Fälle scheiden für unsere Untersuchung — vgl. schon S. 18 dieser Abhandlung! — aus. Vgl. neuestens DJZ. XII, S. 769.

241) Nur an vertragliche Inhaltsänderung (Steigerung bzw. Herabminderung) der einzelnen aus dem zwischen den Parteien bestehenden Schuldverhältnisse fließenden Anzeigeverpflichtung ist gedacht, nicht an die Fälle, in denen die Parteien ein zwischen ihnen bestehendes Schuldverhältnis nachher dadurch abändern, daß sie eine Anzeigeverpflichtung vereinbaren.

242) Vgl. Klein, Vertragliche Änderung des Inhalts eines Schuldverhältnisses (1907), ders., OestCBl. XXV 480—486; ders., Umwandlung einer Gattungsschuld in eine Speziesschuld (Vertragliche Konzentration), SeuffBl. LXXIII, Staudinger-Kuhlenbeck3/4, zu § 805 und S. 266—268. Nicht hierher gehören, weil HGB. § 377 nicht eine Verpflichtung zur Anzeige auferlegt, die Ausführungen in Staubs Kommentar zum Handelsgesetzbuch II, zu § 377 Anm. 32 fg. — Zu den Ausführungen Staudinger-Kuhlenbecks, a. a. O. werde ich demnächst Stellung nehmen. Hier nur folgendes:

Auf besonders lebhaften Widerspruch ist die Auffassung gestoßen, daß es sich bei der Regelung in BGB. § 607 II um Schuldinhaltsänderung und nicht um Novation handle.

Es ist entgegengehalten worden, BGB. § 607 II hätte, wenn er nur ein Ausfluß des § 305 BGB sei, wegbleiben können. Dieses Argument schlägt nicht durch. Ich verweise zunächst auf BGB. §§ 400 und 576. Es lassen sich im BGB. eine Reihe von Beispielen nachweisen, wo der grundlegenden allgemeinen Norm Spezialnormen zur Seite gestellt sind.

Sodann ist darauf hinzuweisen, daß ohne die ausdrückliche Bestimmung des § 607 II eine der wichtigsten Wirkungen der Regelung in BGB. § 607 II,

Daß die aus einem Schuldverhältnisse fließende gesetzliche[243]) Anzeigepflicht durch Schuldabänderungsvertrag inhaltlich abgeändert

die dreißigjährige Verjährung, nicht eintreten würde Vgl. BGB. § 225, siehe aber auch HGB. §§ 414 I und 423. — Unrichtig m. E. Brütt, Die abstrakte Forderung nach deutschem Reichsrecht (1908), S. 109—112.

Daß meine Auslegung des § 607 II BGB (vgl. nun auch Enneccerus[3], I § 362 S. 924/5 Noten **), 5 und 6), den Vorzug verdient, beweist vortrefflich ein Beispiel, auf das ich von Herrn Rechtsanwalt Dr. Meyer (Bonn) aufmerksam gemacht wurde.

Der Mieter schuldet dem Vermieter den Mietzins für drei Monate (1000 M.). Da der Mieter nicht zahlen kann, vereinbaren Vermieter und Mieter, das geschuldete Geld (1000 M.) solle als Darlehn geschuldet werden.

Verliert der Vermieter durch diese Vereinbarung sein Pfandrecht aus BGB § 559, sein Recht auf abgesonderte Befriedigung aus § 49 Ziffer 2 KO.?

Wer BGB § 607 II als Fall der Novation auffaßt, muß diese Frage bejahen. Ganz anders, wenn man BGB. § 607 II als Fall der Schuldinhaltsänderung nimmt

Dann bleiben die Vorrechte aus BGB § 559 und KO. § 49 Ziffer 2 bestehen, selbstverständlich nur in dem durch diese Normen umgrenzten Umfange, gestützt auf die alte (nunmehr in eine Darlehnsforderung inhaltlich abgeänderte) Mietzinsforderung. Anderseits gelten für diese Forderung seit dem Abschlusse des Schuldabänderungsvertrages die Darlehnsgrundsätze. Also dreißigjährige Verjährung!

Daß dieses Ergebnis den Interessen der Parteien allein gerecht wird, ergibt folgende Betrachtung:

Der Mieter will Stundung der Mietzinsforderung. Er muß sich daher zu dem Opfer, welches die Schuldinhaltsänderung im Sinne des § 607 II ihm auferlegt, bequemen. Der Vermieter will seine Rechte aus § 559 BGB. und § 49 Ziffer 2 KO. behalten.

Oder noch ein letztes Beispiel!

A mietet von B ein Haus. Sie vereinbaren A dürfe niemals mit Forderungen A ——> B gegen B s Mietzinsforderungen B ——> A aufrechnen. A bleibt mit der Zahlung einer Mietrate (500 Mark) im Rückstand. Daraufhin vereinbaren A und B, diese 500 Mark sollen fortan als Darlehn geschuldet werden. Kann A nunmehr mit Forderungen A ——> B gegen die Darlehnsforderung aufrechnen? Sicherlich nicht! Auch hier erweist sich die Auffassung: BGB. § 607 II sei eine Anwendung von § 305 BGB. (Inhaltsänderung) als die zweckmäßigere. —

— Die Regelung im Entwurf eines Ungar. Allg. BGB. §§ 1319—1321 über Novation läßt sich nicht rechtfertigen. Ungar Allg. BGB § 1321 ist mit einer Novation (§ 1319) nicht vereinbar. Was die Überschrift als „Novation" bezeichnet, ist in der Tat Schuldinhaltsänderung.

So muß auch § 1360 II. Ung. Allg BGB. aufgefaßt werden.

[243]) Hatten die Parteien die Anzeigepflicht besonders vereinbart, so ist ein Schuldabänderungsvertrag des Inhalts: der Schuldner soll auch für vorsätzliche

— herabgemindert wie gesteigert — werden kann, unterliegt keinem Zweifel. Nur darüber läßt sich streiten, wieweit eine Steigerung oder Herabminderung der Anzeigepflicht durch Schuldabänderungsvertrag möglich ist.

Die Fälle einer Steigerung der Anzeigepflicht durch Schuldabänderungsvertrag sind durchsichtig und klar. Ihre Entscheidung bietet keine Schwierigkeiten. In Betracht kommen hauptsächlich folgende Fälle:

Die Parteien erschweren

a) die Form der Anzeige [Vereinbarung, daß die Anzeige, obwohl die moderne Gesetzgebung für die Anzeige (im allgemeinen) keine Form vorschreibt, schriftlich erfolgen müsse].

b) die Verpflichtung des Schuldners, den Inhalt der Anzeige glaubhaft zu machen.

c) die Rechtsfolgen bei Nichterfüllung bzw. in nicht gehöriger Weise erfolgter Erfüllung der Anzeigeverpflichtung [z. B. Vereinbarung einer Vertragsstrafe (BGB. §§ 339—345)].

Eine Herabminderung der gesetzlichen Anzeigepflicht ist unzweifelhaft nur soweit zulässig, als sie mit BGB. § 276 II (vgl. aber auch BGB. § 278 Satz 2)[244]) vereinbar ist. Wären doch Schuldabänderungsverträge des Inhalts: Der Schuldner soll in Zukunft auch bei vorsätzlicher Unterlassung der geschuldeten Anzeige nicht haften, nichtig[245]).

Diese Grenze ist vollständig sicher. Zweifel könnten höchstens bei Einzelfragen entstehen.

Ich hebe nur einiges hervor.

1. Wo das Gesetz bei Anzeigeverpflichtungen eine formelle Anzeige verlangt (vgl. z. B. BGB. § 416 II Satz 2), können die Parteien vereinbaren, daß für sie bereits die formlose Anzeige genügen soll.

Unterlassung der Anzeige nicht haften, gültig. In vielen Fällen ist eine solche Parteiberedung als Schuldaufhebung durch contrarius consensus aufzufassen.

[244]) Kann doch eine Rechtswirkung, die nicht durch einen das Rechtsverhältnis begründenden Vertrag erzielt werden kann. [Beispiele: (BGB §§ 247 I Satz 2, 443, 445, 540, 1023 II; HGB. §§ 64, 402; Entwurf eines Gesetzes über den Versicherungsvertrag §§ 6 III, 8, 12 III)], auch nicht durch einen Abänderungsvertrag herbeigeführt werden.

[245]) Vgl. auch Note 243.

2. Manigk[246]) hat mit Recht hervorgehoben, „daß bei der Zuführung der Willenserklärung in die Sphäre des Empfängers alles der freien Vereinbarung [von vornherein und nachträglich[247])] unterliegt. Die Wirksamkeit der Willenserklärung könne, entgegen dem nur dispositiven § 130 BGB. auf den Moment verlegt werden, wo der Empfänger von ihr wirklich Kenntnis erhält oder auf den Moment der Abgabe oder Absendung der Willenserklärung". Alles dies repetiert nicht bei den Anzeigen, weil hier die Wirkungen ex lege eintreten.

3. Selbstverständlich kann ein vom Gewöhnlichen abweichender Zugangsmodus[248]) für die Anzeige nachträglich vereinbart werden.

Über die Inhaltsänderungen der Anzeigeverpflichtung durch Anzeigepflichtverletzung vgl. Abschnitt II 3 dieser Abhandlung.

[Zu beachten ist, daß im Falle des Gläubigerverzugs § 300 I BGB. im Falle des Schuldnerverzugs BGB. § 287 auf die Anzeigeverpflichtung Anwendung findet.]

Es bleiben daher in diesem Abschnitt nur noch die Erlöschensgründe der Anzeigeverpflichtung: Erlaß, unverschuldete nachträgliche Unmöglichkeit, Erfüllung, Zweckerreichung, — zu besprechen.

Die Fälle des Erlasses der Anzeigeverpflichtung bedürfen keiner weiteren Erörterung. Auch bezüglich der Anwendbarkeit des § 275 BGB. auf die Anzeigeverpflichtung ist jeder Zweifel ausgeschlossen.

Von erheblichem Interesse und näher zu behandeln sind die Normen, welche bestimmen, daß der Schuldner die Anzeige unterlassen darf, wenn sie untunlich ist. Es sind die §§ 303, 374 II, 384 III, 681, 1128 Satz 3, 1166 Satz 2, 1218 II, 1220 III, 1234 I Satz 2 II Satz 2, 1237 Satz 2, 1241, 1285 II Satz 2[249]), Bestimmungen, bei denen Krückmann mit Recht ein Gegenrecht des Schuldners, eine „Einrede aus entgegenstehendem eigenem gewichtigen Interesse", eine „Einrede aus wichtigem Grunde" an-

---

[246]) A. a. O. 343/4.

[247]) Mein Zusatz.

[248]) Vgl. Manigk, 344.

[249]) Diese Bestimmungen zitiert auch Krückmann, a. a. O. 50/1.

nimmt[250]). Ich habe hier nicht diesen neuen, wertvollen, von Krückmann selbst weit ausgesponnenen Rechtsgedanken der „Einrede aus wichtigem Grunde" weiter zu verfolgen, vielmehr lediglich die beiden Fragen zu beantworten:

1. Wann ist eine Leistung untunlich? Wann steht dem Schuldner das Gegenrecht zu: die Anzeige zu unterlassen[251])?
2. Gilt die in den S. 80 genannten §§ 303, 374 II usw. getroffene Regelung: daß die Anzeige unterbleiben kann, wenn sie untunlich ist, auch für andere, eventuell für alle Anzeigepflichtfälle?

Zu 1.

Daß es sich bei den „untunlichen" Anzeigen nicht um „unmögliche" Anzeigen handelt, steht in der Literatur fest[252]). Im übrigen wird man sagen dürfen, daß eine Anzeige „untunlich" ist, wenn

a) ihr Erfolg ungewiß ist [z. B. weil sie in concreto nur im Wege öffentlicher Zustellung (BGB. § 132 II) erfolgen kann][253–254]), oder

b) wenn bei objektiver Abwägung von Leistung (Anzeige) und Gegenleistung auf die Frage: was gibst du und was erhältst du wieder? gesagt werden muß, daß die Leistungspflicht (Anzeigepflicht)

---

250) Vgl. Krückmann, a. a. O. § 1, speziell S. 30—55. Vgl. aber auch Staudinger-Kuhlenbeck, S. 99, 234 (oben), 244 Ziffer V.

251) Darüber, wann die Glaubhaftmachung der Anzeige als „untunlich" unterbleiben kann, vgl. S. 82 dieser Abhandlung!

252) Vgl. Planck^3, zu § 303 Note 2.

253) So Planck^3, zu § 303 Note 2, § 374 Note 3; Schollmeyer, zu § 374 Note 2 Ziffer 2; Oertmann^2, zu § 303 Note 3, zu § 374 Note 2; Staudinger-Kuhlenbeck$^{3/4}$, zu § 303 Note 3, § 374 Note 3, § 384 Note 2.

254) Nach Schollmeyer, zu § 374 Note 2 Ziffer 2, ist eine Anzeige an einen Wahnsinnigen, der noch keinen gesetzlichen Vertreter hat, unmöglich. Das wird in der Regel zutreffen, braucht aber nicht stets der Fall zu sein. Man nehme folgendes Beispiel: Ich habe vom Klempner X ein Haus gemietet. Der Sturm hat die Dachrinne an meinem Hause gelöst. X leidet an Größenwahn, ist aber noch in der Lage, seine Klempnerarbeiten vorzunehmen. Soll hier die Anzeige an X unmöglich sein? Ein solches Ergebnis wäre doch höchst unbefriedigend. Vgl. auch S. 97 dieses Buches.

des Schuldners für ihn eine unverhältnismäßige Beschwerung bedeutet[255—256]).

Mit Recht hebt Planck zu § 374 Note 3 a. E. hervor, daß von einer „Untunlichkeit" der Anzeige nicht bereits dann gesprochen werden kann, wenn der Schuldner nur darüber im unklaren ist, wer von mehreren bestimmten Personen der Gläubiger ist. Hier ist vielmehr vom Schuldner zu verlangen, daß er an alle diese Personen die Anzeige erfolgen läßt.

Zu 2.

Aus dem Umstande, daß das BGB. nur in den §§ 303, 374 II, 384 III, 681 usw. (vgl. S. 80!) (ausdrücklich) bestimmt: die „untunliche" Anzeige darf unterbleiben, darf nicht umgekehrt geschlossen werden: in allen übrigen Anzeigepflichtfällen hat das Gesetz dem Schuldner das Recht: die „untunliche" Anzeige zu unterlassen, versagt. Ergibt doch eine Nachprüfung der §§ 303, 374 II, 384 III usw., daß es sich bei diesen Bestimmungen nicht um einen geschlossenen Kreis von Normen mit einer im Vergleich zu allen übrigen Anzeigepflichtnormen besonders gearteten Interessenlage handelt, daß vielmehr dieselbe Interessenlage bei anderen Anzeigepflichtnormen vollständig wiederkehrt[257]). Oder unterscheidet sich die Interessenlage des gemäß § 545 anzeigepflichtigen Mieters, wenn die Anzeige an den Vermieter nur in der Form der öffentlichen Zustellung erfolgen kann, auch nur im geringsten von der des hinterlegenden Schuldners, der die geschuldete Anzeige nur gemäß BGB. § 132 II vornehmen kann?[258]). M. E. enthält das BGB. eine generelle Norm: die „untunliche" Anzeige darf unterbleiben.

---

[255]) Teilweise wörtlich entnommen bei Krückmann, a. a. O. 52.

[256]) Vgl. auch Schollmeyer, zu § 374 Note 2 Ziffer 2 und Oertmann, a. a. O. Vgl. auch Stammler, Die Lehre von dem richtigen Rechte, 368 bis 371, 41.

[257]) Ich verweise im übrigen auf das Seite 81 Gesagte. In den durch BGB. § 823 II StGB. § 139 geregelten Anzeigepflichtfällen ist „Untunlichkeit" der Anzeige ausgeschlossen.

[258]) Ist die Glaubhaftmachung der Anzeige untunlich, so darf sie unterbleiben.

Erfüllt[259]) ist die Anzeigeverpflichtung, wenn die S. 70 fg. dieser Abhandlung inhaltlich näher bestimmte geschuldete Leistung bewirkt ist, also dann, wenn — um sofort das Wichtigste hervorzuheben, die Anzeige dem Empfänger zugegangen ist. Nur in diesem Falle treten die gesamten Rechtswirkungen der Erfüllung der Anzeigeverpflichtung ein.

Selbstverständlich kann die Rechtsordnung (vgl. auch Note 103 dieser Abhandlung!) auch schon an die Tatsache der Absendung (Abgabe) der Anzeige bestimmte Rechtswirkungen knüpfen, aus dem Gesichtspunkte heraus, daß den (der ehrlich bemüht gewesen ist, den geschuldeten Erfolg herbeizuführen, und der darum besser zu stellen ist, als einer, der sich um die Erfüllung der Verpflichtung überhaupt nicht kümmerte) . . . . . . auch dann, wenn der geschuldete Erfolg nicht eingetreten ist, jedenfalls bestimmte Rechtsfolgen der Nichterfüllung nicht treffen sollen.

So wird man — ich verweise hier auch auf die Ausführungen Bekkers[260]) und Manigks[261]), — annehmen dürfen, daß überall dort, wo an die Unterlassung der Anzeige (ausdrücklich) eine Schadensersatzverpflichtung geknüpft ist [vgl. BGB. §§ 374 II, 384 II, 545 II, 1220 II (über weitere Fälle vgl. Manigk, a. a. O. 708)], die Tatsache der Absendung der Anzeige bereits die Schadensersatzverpflichtung ausschließt. In diesem — aber auch nur in diesem Sinne kann man sagen, daß in einer Reihe von Fällen die Anzeige auf die Gefahr des Empfängers geht. Aber in allen diesen Fällen liegt — ich betone dies nochmals, — nicht Erfüllung der Anzeigeverpflichtung vor.

Die Absendung der Anzeige genügt, um die Schadensersatzverpflichtung aus BGB. § 374 II abzuwenden. Aber erst an die Erfüllung der Anzeigeverpflichtung — den Zugang der Anzeige — knüpft das BGB. die bedeutsame Rechtsfolge des § 382 BGB.

---

259) Über die Natur der Erfüllung vgl. die vortreffliche Literaturübersicht bei Oertmann², zu § 362 Note 4; vgl. auch Staudinger-Kuhlenbeck³/⁴, S. 272 Ziffer 2. Eine Stellungnahme zur neuesten Literatur, speziell zu Kretschmars Erfüllung, ist hier unmöglich.

260) Jhering J. XLIX 49/50.

261) A. a. O. 708.

Darüber, inwieweit die Erfüllung Geschäftsfähigkeit des Schuldners voraussetzt, vgl. S. 41 fg. dieser Abhandlung.

Grundsätzlich [vgl. Oertmann², zu § 299 Note 6; anderseits aber auch Note 254 dieser Abhandlung!] kann die geschuldete Anzeige nur an einen vollgeschäftsfähigen Anzeigeempfänger erfolgen. —

— Von den Erlöschensgründen bleibt nur noch der der „Zweckerreichung"[262]) zu besprechen.

Zum Ausgangspunkte für diese Erörterungen wähle ich die Ausführungen Oertmanns zu BGB. § 545 Note 4. Sie lauten wie folgt:

„Natürlich braucht der Mieter die Anzeige nicht zu machen, wenn der Vermieter den Mangel, die Gefahr oder die Prätension des Rechtes kennt oder nur infolge grober Nachlässigkeit nicht kennt. So besonders Dresdener Entwurf Art. 564. Für das BGB. ergibt sich das wegen der Wirkungen zu 3a schon aus dem Gesichtspunkt der Kulpakompensation, § 254 (f. Mot. S. 401), aber auch wegen derer zu b wird man nach den

[262]) Literaturangaben, ArchBürgR. XXXI 214 Note *). Vgl. ferner Staudinger-Kuhlenbeck³/⁴, S. 268—272, Zitate daselbst; und neuestens Last Anspruchskonkurrenz und Gesamtschuldverhältnis, Heft 26 der Studien zur Erläuterung des bürgerlichen Rechts, herausgegeben von Leonhard (1908), Stephan, die Unterlassungsklage (1908), 33 fg., 46.

Zur neuesten Literatur nur folgendes:

Über die Abgrenzung der „Zweckerreichung" gegen die Unmöglichkeit (zu optimistisch Rabel, in der Festgabe für Bekker [1907], 226) und Erfüllung herrscht im Schrifttum noch immer keine Übereinstimmung. Ausgangspunkt: Ist Kumulation von Unmöglichkeit und Zweckerreichung möglich? Vgl. Klein, ArchBürgR. XXXI 214—224, SeuffBl. LXXIII 317—322.

Dagegen ist Krückmann, a. a. O. 255 fg., speziell 261—281 (vgl. auch schon Staudinger-Kuhlenbeck, 2. Aufl. S. 214, 3/4. Auflage S. 270, Oertmann², S. 214) der Nachweis gelungen, daß ein besonderer Erlöschensgrund: Erlöschen der Obligation ohne Befriedigung des Gläubigers wegen Mangels eines Interesses für den Gläubiger (Klein, Zweckerreichung, 145—148), so wie ihn (genaue Zitate bei Krückmann, 261) Dernburg (Pandekten), Wendt, Lehmann und ich angenommen haben, nicht existiert, daß vielmehr in einer Reihe der hierher gerechneten Fälle in der Tat nur ein Ruhen der Obligation vorliegt, in den übrigen Fällen aber: Erlöschen der Obligation durch Zweckerreichung. Mit Krückmanns Ausführungen dürfte der Meinungsstreit über diese Frage endgültig entschieden sein.

Grundsätzen von Treu und Glauben (§ 242) das Gleiche anzunehmen haben."

— Das Ergebnis ist unzweifelhaft richtig. Dagegen möchte ich die von den Motiven II S. 401 und von Oertmann, a. a. O. vorgeschlagene Begründung dieser Entscheidung für die Fälle, in denen der Vermieter den Mangel usw. kennt, ablehnen. In diesen Fällen bedarf es m. E. lediglich deshalb nicht mehr einer Anzeige des Mieters, weil der entferntere, reale juristische Zweck[263]) der Anzeigeverpflichtung: — Kenntnis des Vermieters von dem Mangel usw. (als Wirkung der zugegangenen Anzeige) — für den Vermieter (Gläubiger) bereits so günstig und vollständig erreicht ist, als wenn der Schuldner seine Verpflichtung zur Anzeige erfüllt hätte, weil die Anzeigeverpflichtung durch Zweckerreichung erloschen ist.

Hier zeigt sich besonders deutlich

a) wie sehr eine scharfe Abgrenzung der Anzeigepflichtfälle gegen alle übrigen Fälle, in denen die Anzeige sonst irgendwie rechtlich relevant (Wirksamkeitsvoraussetzung) ist, nottut.

[Man betrachte unter diesem Gesichtspunkte auch die Ausführungen Manigks, § 150 S. 628/9].

b) Die große Bedeutung der Einteilung der Anzeigen in Vorstellungs- und Willensmitteilungen, oder richtiger die große Bedeutung der tieferen Erkenntnis vom Wesen der beiden großen Anzeigegruppen.

Weil es sich überall dort, wo Willensmitteilungen geschuldet werden [vgl. z. B. BGB. §§ 303, 384 I usw.] um höchst persönliche[264]) Leistungen handelt, so ist bei diesen Verpflichtungen ein Erlöschen durch Zweckerreichung ausgeschlossen.

Wo Vorstellungsmitteilungen geschuldet werden, kann die Verpflichtung nur dann durch Zweckerreichung erlöschen, wenn

a) entweder mehrere die Anzeige schulden, und einer die geschuldete Anzeige vornimmt, oder

b) der Gläubiger durch einen Zufall eine so deutliche und zuverlässige Kenntnis von der Tatsache, über die ihm die Anzeige

---

263) Vgl. Klein, Zweckerreichung 119.

264) Siehe auch S. 56 dieser Abhandlung!

Auskunft geben soll, erhält, als wenn ihm der Schuldner selbst die geschuldete Anzeige hätte zugehen lassen. Im einzelnen Falle sind Zweifel ausgeschlossen.

Es fragt sich, ob ein solches Erlöschen der Anzeigeverpflichtung durch Zweckerreichung auch dann möglich ist, wenn die Parteien für die Anzeige die erschwerende Schriftform[265]) vereinbart haben. M. E. ist die Frage zu bejahen, wofern nur der Gläubiger, dem die geschuldete schriftliche Anzeige nicht gemacht wurde, über das, was ihm durch die schriftliche Anzeige mitgeteilt werden sollte, auf anderem Wege so deutliche und sichere Vorstellungen erlangte, wie sie ihm die geschuldete schriftliche Anzeige verschaffen sollte.

3. Anzeigepflichtverletzung.

Wenn ich die Anzeigepflichtverletzung in einem besonderen Abschnitte[266]) behandle, so mag dies ihre große praktische Bedeutung rechtfertigen. —

Hier zunächst eine Verweisung!

Soweit noch über die im BGB. ausdrücklich geregelten Anzeigepflichtfälle hinaus weitere Anzeigepflichtfälle bestehen[267]), sind die Folgen der Verletzung dieser Anzeigeverpflichtungen sub III 2 kurz zu erwähnen

---

I. Bei den Obligationsverletzungen unterscheidet die Wissenschaft bekanntlich folgende Fälle;

1. Verzug,
2. (verschuldete) Unmöglichkeit der Leistung,
3. hartnäckige Verweigerung (Ungehorsam) — BGB. § 283 — und

265) Vgl. S. 79 dieser Abhandlung.

266) Sie war an sich sub II² („Inhaltsänderung der Anzeigeverpflichtung") zu behandeln. A M. Rabel a. a. O. 184 fg.; vgl. auch Last, Anspruchskonkurrenz, S. 193 Note 1.

267) Vgl. Kapitel III² dieser Abhandlung.

4. sonstiges Handeln gegen die Vertragspflichten — BGB. § 276[268–269]).

Sämtliche vier Arten von Obligationsverletzungen sind bei den Anzeigeverpflichtungen denkbar. Hierfür bedarf es keines Beweises bezüglich der Obligationsverletzungen sub 1, 2, 4. — Obligationsverletzung durch „Ungehorsam" (Ziffer 3) ist bei den S. 65 fg. dieser Abhandlung erwähnten Fällen von Anzeigeverpflichtung denkbar, in denen der alte Gläubiger gegenüber dem neuen Gläubiger zur Anzeige verpflichtet ist.

II. Verschuldensgrade:

BGB. §§ 276–278. —

Vgl. im einzelnen: BGB. §§ 521 (523, 524); — 599 (600); — 690.

III. An die Obligationsverletzung bei Anzeigeverpflichtungen knüpft das Gesetz folgende Rechtsfolgen:

A. Verpflichtung zur Schadensersatzleistung.

B. Die Rechtsfolge: Der anzuzeigende Umstand bzw. die anzuzeigende Veränderung werden zum Nachteile des Anzeigepflichtigen als nicht vorhanden bzw. geschehen behandelt.

C. Rechtsfolge A + B.

Zu B: Die Rechtsfolge B ist geknüpft an die Anzeigepflichtverletzung in folgenden Fällen:

BGB. §§ 149 Satz 2, 545 II 2. Halbsatz, 510 II, 1128, 1166. — Vgl. auch Rechtsfall 1 und 4 S. 9 und 11 dieser Abhandlung. —

Diese Regelung gibt zu keinerlei Zweifeln Anlaß.

Zu C: Typisches Beispiel: BGB. § 545 II.

Auch diese Regelung gibt zu keinerlei Zweifeln Anlaß.

Zu A: Eingehender ist die Regelung sub A zu behandeln. Welcher Schaden ist zu ersetzen?

---

268) Vgl. Kiß, ArchBürgR. XXXI 178/9 und Note 20; Zitate daselbst; weitere Literaturangaben bei Klein, SeuffBl. LXXIII 320 Note 42.

269) Vgl. Krückmann, Unmöglichkeit, 191 fg.

270) Oertmann², zu 650 Note 2.

a) Anzeigepflichtverletzung in den durch BGB. §§ 374 II, 545 II 1. Halbsatz [549 II, 581 II, 836—838], 650 II[270]), 663 (675), 665 [27 III, 675, 713], 673[270a]) [2218 I], 681, 692 [994 II], 694, 727 II, 789, 965 [971 II!], 1042, 1218 II, 2146 I, 2384 I, 254 II [846], 384 II, 416 III, 1099 II, 1220 II, 1237, 1241, 1285 II Satz 2, 2035 II, 303, 384 I, 1220 I, 1234 I, 50 II, 510 I Satz 1, 2121 I, 2215 I, 823 II StGB. § 139 geregelten Anzeigepflichtfällen, sowie in den S. 65 fg. dieser Abhandlung erörterten Anzeigepflichtfällen, in denen der alte Gläubiger gegenüber dem neuen Gläubiger anzeigepflichtig ist.

Rechtsfolge:

Der Anzeigepflichtige haftet auf das Anzeigeinteresse, d. h. auf Ersatz des Schadens, den der Gläubiger dadurch erlitten hat, daß infolge der Unterlassung der Anzeige:

1. der Gläubiger entweder sich nicht rechtzeitig gegen einen hereinbrechenden Schaden schützen konnte, oder
2. annahm, die bestimmte (ihm mitzuteilende), für sein weiteres Handeln bedeutsame Veränderung sei nicht eingetreten, und darum sein Handeln unrichtig einrichtete, oder
3. ein Dritter sein Handeln gegenüber dem Gläubiger unrichtig einrichtete und dadurch dem Gläubiger Schaden zufügte.

Beispiele:

Zu 1.

BGB. § 374.

Die Anzeige erfolgt verspätet, nicht „unverzüglich". Ersatzanspruch: Gläubiger ——> Anzeigepflichtigen wegen der entstandenen Mehrkosten der Hinterlegung.

BGB. § 545 II 1. Halbsatz.

Der Mieter unterläßt die Anzeige davon, daß das Haus Risse zeigt. Er haftet dem Vermieter für den ganzen Schaden, den

270a) Vgl. auch Gaius libro nono ad edictum provinciale, l. 27 § 2 D XVII 1 [Lenel, Palingenesia, I 214 Nr. 232]. — Zu § 673 siehe auch Titze, Die Unmöglichkeit der Leistung nach deutschem bürgerlichen Recht 96, (100 fg., 244). Haftung bis auf das Erfüllungsinteresse!

dieser dadurch erleidet, daß er das Haus nicht durch einen Baumeister untersuchen und den Schaden beseitigen lassen konnte, also für die Mehrkosten der Reparatur, auch — falls die Ausbesserung des Hauses über die Mietzeit hinaus andauert, — für den entgangenen Gewinn.

BGB. § 663 (675).

Derjenige, welcher zur Besorgung gewisser Geschäfte öffentlich bestellt ist oder sich dazu erboten hat, haftet, wenn er die unverzügliche Anzeige von der Ablehnung des Auftrags unterließ, auf den Schaden, den der Auftraggeber dadurch erlitten hat, daß er im Vertrauen darauf, sein Auftrag sei angenommen, weitere Schritte unterließ, und daß darum die Geschäftsbesorgung unterblieb.

Zu 2.

Rechtsfall 4 und 5 dieser Abhandlung.

Zu 3.

Der Schuldner zahlt an den alten Gläubiger, weil der alte Gläubiger nicht die Übertragung der Forderung angezeigt hat. Kosten des Transports des Geldes usw. sind dem neuen Gläubiger vom anzeigepflichtigen alten Gläubiger zu ersetzen.

b) Anzeigepflichtverletzung in den durch BGB. §§ 463 [443, 460, 476, 477, 478 II, 479, 480, 485 Satz 2], 523, 524, 538, 539, 540, 600, 635, 637, 638, 365, 651, 757 geregelten Anzeigepflichtfällen.

Vorbemerkung.

Ich muß hier weiter ausholen:

1. Darüber, wann Verletzung der Anzeigepflicht durch „arglistiges Verschweigen" gegeben ist, herrscht — soweit dies überhaupt bei einem so molluskenhaften Begriffe möglich ist, — heute Übereinstimmung. Ich verweise auf die bereits S. 16/7 dieser Abhandlung angeführte Entscheidung des RG. in RGZ. LXII 149fg. und neuestens RG. I 14. März 1908 324/07 Recht XII Nr. 1531.

Diese zunächst für den Kauf geltenden Entscheidungen sind von allgemeinerer Bedeutung. Sie enthalten die Grundsätze für die Beurteilung des arglistigen Verschweigens schlechthin. Vgl. auch § 18 des Entwurfs eines Gesetzes über den Versicherungsvertrag!

2. Von größter Bedeutung für die richtige Auffassung von der Anzeigepflicht und Anzeigepflichtverletzung ist die neuestens insbesondere von Krückmann (a. a. O. 190—238) scharf durchgeführte Scheidung zwischen „*Reinem Gewährschaftsrecht*" und „*Verschuldungshaftung*" im Schuldrecht (Kauf, Leihe, Verwahrung usw.)[271]. Ich kann selbstverständlich im Zusammenhange dieser Abhandlung nicht zu diesen neuesten Ergebnissen des Schrifttums näher Stellung nehmen, muß mich vielmehr damit begnügen, hier die für unsere Untersuchung interessierenden Ergebnisse Krückmanns in Kürze wiederzugeben:

Unterscheide zwischen:

„*Reinem Gewährschaftsrecht*" —	und „*Verschuldungshaftung*" im Schuldrecht.
↓	↓
scheidet für unsere Untersuchung aus.	*Grundnorm* der Verschuldungshaftung: BGB. § 276.
	Aus ihr fließend: BGB. §§ 463, 480 II, 524, 600 usw. [Näheres bei Krückmann, a. a. O. 197 fg.].
	Verschuldungsformen: Mehrere. [Vgl. Staudinger-Kuhlenbeck 3/4, zu § 276 Note V].
	Hier interessiert nur die der „Nichterfüllung der Anzeigepflicht" [Krückmann 203].
	Ergebnisse:
	a) Anzeigepflichtverletzung also niemals aus dem *Gewährschaftsrecht* heraus zu beurteilen.

[271]) Vgl. Krückmann, a. a. O. 197 fg.

Verschuldungshaftung — folglich Culpa-Kompensation.

b) Bedeutung der Scheidung zwischen dem Gewährschaftsrecht und der Verschuldungshaftung für den Ausbau der Anzeigepflichtlehre, speziell der Lehre von der Anzeigepflichtverletzung.

[Vgl. sub III 2.]

Rechtsfolge.

1. Kauf:
   a) Arglistiges Verschweigen des Verkäufers beim Abschlusse des Kaufs: Anspruch des Käufers auf Schadensersatz wegen Nichterfüllung [BGB. § 463 Satz 2].
   b) Arglistiges Verschweigen des Verkäufers beim Gattungskaufe [bis zu der Zeit, zu welcher die Gefahr auf den Käufer übergeht]: Anspruch des Käufers auf Schadensersatz wegen Nichterfüllung [BGB. § 480 II].
2. Miete: Arglistiges Verschweigen des Vermieters beim Vertragschluß: Anspruch des Mieters auf Schadensersatz wegen Nichterfüllung [BGB. § 538].
3. Schenkung: Arglistiges Verschweigen des Schenkers: Anspruch des Beschenkten auf das Erfüllungsinteresse [BGB. §§ 523, 524].
4. Leihe: Arglistiges Verschweigen des Verleihers: Anspruch des Entleihers auf das Erfüllungsinteresse [BGB. § 600].
5. Werkvertrag (Werklieferungsvertrag): Arglistiges Verschweigen des Unternehmers: Anspruch des Bestellers auf das Erfüllungsinteresse [BGB §§ 635, 651 (463)].

IV. Anzeigepflichtverletzung ausgeschlossen, wo Gegenrecht des Anzeigepflichtigen: die Anzeige zu unterlassen [z. B. „Untunlichkeit“ der Anzeige].

V. Konkurrierendes Verschulden des Gläubigers ist selbstverständlich bei Anzeigepflichtverletzungen zu berücksichtigen.

1. Ausdrückliche Regelung.

A. a) Kauf.

α) Arglistiges Verschweigen des Verkäufers bei Vertragschluß — Kenntnis des Käufers bei Vertragschluß, Kenntnis des Käufers bei Annahme der Sache.

Kein Anspruch des Käufers ⟶ Verkäufer BGB. § 460 Satz 1, BGB. § 464.

Arglistiges Verschweigen des Verkäufers bei Vertragschluß — grob und leicht fahrlässige Unkenntnis des Käufers.

Trotzdem Anspruch Käufer ⟶ Verkäufer auf Schadensersatz wegen Nichterfüllung [BGB. § 460 Satz 2].

β) Arglistiges Verschweigen des Verkäufers beim Gattungskauf — Kenntnis des Käufers im Zeitpunkte des Gefahrübergangs.

Kein Anspruch des Käufers ⟶ Verkäufer [BGB. § 464].

b) Miete.

Arglistiges Verschweigen des Vermieters — Kenntnis des Mieters.

Kein Anspruch Mieter ⟶ Vermieter [BGB. § 539 Satz 1, Satz 2].

Arglistiges Verschweigen des Vermieters — grob und leicht fahrlässige Unkenntnis des Mieters.

Trotzdem Anspruch Mieter ⟶ Vermieter auf Schadensersatz wegen Nichterfüllung [BGB. § 539 Satz 2 (460 Satz 2)].

c) Leihe. BGB. § 694.

d) Werkvertrag (Werklieferungsvertrag) wie sub a (Kauf).

B. BGB. § 254[272]) (auch BGB. §§ 122, 307? — Vgl. dazu III 2 S. 129/130 dieser Abhandlung!).

---

[272]) Vgl. das Zitat S. 84 dieser Abhandlung aus Oertmann², zu § 545; RG. VI, 5. Juli 06; JW. 06, 546 Nr. 12.

2. Regelung der Verletzung der durch das BGB. nicht ausdrücklich erwähnten Anzeigeverpflichtungen:

Vgl. sub III 2.

VI. Gestritten wird im Schrifttum [Literaturangaben bei Manigk, 672] darüber, welche Rechtsfolgen eintreten, wenn ein Geisteskranker bzw. ein Kind unter 7 Jahren eine Sache findet, und der Vertreter des Kindes bzw. Geisteskranken die Anzeige von dem Funde verabsäumt [vgl. auch S. 45 dieser Abhandlung!].

Unzweifelhaft erwirbt das Kind, wenn die Anzeige des gesetzlichen Vertreters unterbleibt [z. B. deshalb, weil das Kind den Fund vor dem gesetzlichen Vertreter verheimlicht], nicht den Anspruch auf Finderlohn (BGB. § 971 II) bzw. das Eigentum gemäß BGB. § 973 [„mit dem Ablauf eines Jahres nach der Anzeige . . . ." also nicht, wenn die Anzeige unterbleibt und die Frist folglich nicht zu laufen beginnt (vgl. Manigk, 672 und Note 784)]. Denn diese Ansprüche sind — wie Manigk zutreffend hervorhebt, — „im Interesse des Verlierers allemal an die Erfüllung der Anzeigepflicht geknüpft" (a. a. O. 672).

Haften das Kind bzw. der Geisteskranke darüber hinaus noch auf Schadensersatz [BGB. §§ 828 I, 829, 832]? M. E. ist die Frage zu bejahen. Die allein im Interesse des Verlierers wurzelnde Anzeigepflicht kann doch nur dann die vom Gesetz gewollten Zwecke erreichen, wenn sie eine absolute ist[273]), d. h. wenn ihre Verletzung nicht ein Verschulden oder Geschäftsfähigkeit voraussetzt, sondern stets bereits dann gegeben ist, wenn ein Zuwiderhandeln gegen die Anzeigepflicht durch Unterlassung der Anzeige vorliegt.

Die Anzeigepflichtverletzung in den Fällen des § 966 II durch einen beschränkt Geschäftsfähigen ist nach BGB. §§ 682, 828 II zu beurteilen[274]).

Verletzung der Anzeigepflicht in den durch BGB. § 823 II StGB. § 139 geregelten Fällen! Vgl. BGB. § 828 II.

---

[273]) Vgl. Manigk, 672.

[274]) Vgl. Manigk, 673.

III. Anzeigepflicht im Schuldrecht.

1. Die positiven Bestimmungen.

Die positiven Bestimmungen über Anzeigepflicht im II. Buche des BGB. sind bereits bei der Zusammenstellung der Anzeigepflichtnormen S. 63 fg. dieser Abhandlung aufgeführt.

Es kommen in Betracht:

BGB. §§ 254 II[274a]) (846), 303, 374 II, 384 I II, 416 III, 510 I Satz 1, 545 [549, 581 II, 836—838], 650 II, 663 (675), 665 (675, 713), 673, 681, 692, 727 II, 789[274b]);

463 (443, 460, 476, 477, 478 II, 479, 480, 485 Satz 2).

365 (463), 757,

523, 524 (521),

539, 540, — 637, 638, 651,

823 II [StGB. § 139, SprengstG. § 13. In Betracht kämen auch die landesrechtlichen Strafrechtsnormen, welche eine Anzeigepflicht betr. bevorstehender Unfallsereignisse aufstellen und die Unterlassung mit Strafe bedrohen[275])], ferner die S. 65 fg. dieser Abhandlung erörterten Anzeigepflichtfälle, in denen der alte Gläubiger gegenüber dem neuen Gläubiger anzeigepflichtig ist.

Eine eingehende Exegese dieser Normen tut hier nicht mehr not. Dreht sich doch der Meinungsstreit im Schrifttum bei der Auslegung der Anzeigepflichtnormen lediglich — das darf man wohl kühn sagen, — um die Antwort auf die Frage nach dem „Wesen" und den „Erfordernissen" der Anzeige. Hierzu wurde aber bereits Stellung genommen.

[Bezüglich der durch BGB. §§ 463, 523, 524, 539, 540, 637, 638 usw. geregelten Anzeigeverpflichtungen verweise ich auf das S. 89 fg. dieses Buches Gesagte.]

Ich gebe daher an dieser Stelle nur noch

274a) Vgl. Brecht, Jhering J. LIII. 255/6.

274b) Vgl. hierzu Kohler, Lehrbuch des Bürgerlichen Rechts II 1 § 24 Ziffer 3—5.

275) Vgl. Olshausen[7], Kommentar zum Strafgesetzbuch für das deutsche Reich I zu § 139 Note 1 S. 536; Zitate daselbst.

1. eine kurze Exegese von BGB. § 823 II (StGB. § 139 usw.],

2. die Antwort auf eine von Gumbinner, DJZ. XI 194/5 angeregte Einzelfrage bezüglich der Auslegung des § 545 BGB.

Zu 1.

A. Ausgangspunkt: StGB. § 139.

Wer von dem Vorhaben eines Hochverrats, Landesverrats, Münzverbrechens, Mordes, Raubes, Menschenraubes oder eines gemeingefährlichen Verbrechens zu einer Zeit, in welcher die Verhütung des Verbrechens möglich ist, glaubhafte Kenntnis erhält und es unterläßt, hiervon der Behörde oder der durch das Verbrechen bedrohten Person zur rechten Zeit Anzeige zu machen, ist, wenn das Verbrechen oder ein strafbarer Versuch desselben begangen worden ist, mit Gefängnis zu bestrafen.

StGB. § 139 gebietet also die rechtzeitige Anzeige von dem Vorhaben folgender Verbrechen:

a) Hochverrat, StGB. §§ 80—82,
b) Landesverrat, StGB. §§ 87—92,
c) Münzverbrechen, StGB. §§ 146, 147, 149,
d) Mord, StGB. § 211,
e) Raub, StGB. §§ 249—251,
f) Menschenraub, StGB. § 234,
g) der „gemeingefährlichen Verbrechen" aus Abschnitt 27 des StGB.: §§ 306, 307, 308, 311, 312, 313 I, 315, 321 II, 322, 324[276]).

Im einzelnen[277])!

a) Der Anzeigepflichtige muß von dem „Vorhaben" eines der oben genannten Verbrechen Kenntnis erhalten haben [vgl. Olshausen a. a. O. Note 2, erste Zeilen].

---

276) Nicht § 314 StGB, den Olshausen[7] II, Vorbemerkungen zum 27. Abschnitt Ziffer 3 anführt.

277) Ich folge bei der Darstellung der von Olshausen zu § 139 gewählten Anordnung des Stoffs. Vgl. auch v. Liszt[16, 17], Lehrbuch des deutschen Strafrechts § 184 IV S. 603/4

α) „die Anzeigepflicht dauert fort, auch wenn die Ausführung des Verbrechens bereits begonnen aber nicht vollendet war" [v. Liszt a. a. O.].

Bei Dauerverbrechen so lange wie das Dauerverbrechen selbst, anders bei Zustandsverbrechen! [vgl. Olshausen a. a. O. Note 2, v. Liszt a. a. O.].

β) „Vorhaben": selbst das Verbrechen zu begehen. Nicht bei Vorhaben: ein Verbrechen anzustiften usw. [vgl. Olshausen a. a. O.].

γ) Keine Anzeigepflicht bei Vorhaben eines Unzurechnungsfähigen (Kindes, Geisteskranken) [Olshausen a. a. O. Note 2].

b) Der Anzeigepflichtige muß von dem Vorhaben eine „glaubhafte Kenntnis" erhalten haben. Glaubhaft — im subjektiven Sinne verstanden. Gerade dem in Frage stehenden Anzeigepflichtigen mußte sie glaubhaft erscheinen [Olshausen a. a. O. Note 3, v. Liszt a. a. O.].

c) „zu einer Zeit, in welcher die Verhütung des Verbrechens möglich war." — Objektives Erfordernis, zu beurteilen nach den vorliegenden Umständen [Olshausen a. a. O. Note 4].

d) Wer ist anzeigepflichtig? [vgl. auch Olshausen a. a. O. Note 5b.]

Jeder, der die „glaubhafte Kenntnis" erhält.

α) Ausnahmen: Nicht anzeigepflichtig sind die an dem verbrecherischen Vorhaben als Täter, Anstifter oder Gehilfen selbst Beteiligten.

Hierfür berufe ich mich

1. zunächst auf den Wortlaut des § 139 StGB. Das Gesetz spricht von „glaubhafte Kenntnis erhält". Diese Wendung paßt doch nicht auf Mittäter, Anstifter, Gehülfen.

2. Innerer Grund!

Die die Anzeige gebietende Norm ist offenbar dem Verletzungsverbot (den Bestimmungen über Täterschaft und Teilnahme) selbst subsidiär.

[Vgl. v. Liszt a. a. O.; Olshausen a. a. O. Note 6β; dort weitere Zitate. Vgl. ferner Note 333 dieser Abhandlung.]

β) Keine Ausnahmen für die Angehörigen des Täters [trotz StGB. § 257 II] und die von der Zeugnispflicht befreiten Personen. [Vgl. v. Liszt a. a. O.; Olshausen a. a. O. Note 6 b.]

γ) Anzeigepflicht — trotz Einwilligung des Bedrohten in die Unterlassung der Anzeige? — Ja! [Vgl. auch Ungar. Entw. § 1086.]

— trotzdem der Anzeigepflichtige weiß, daß die Behörde bzw. bedrohte Person Kenntnis von dem Vorhaben des Verbrechens erlangt haben? — Nein! A. M. Olshausen a. a. O. Note 7; Zitate daselbst.

e) Deutlichkeit der Anzeige! [Olshausen, Note 8.]

f) Anzeigeempfänger:

α) Behörde. [Näheres bei Olshausen, a. a. O. Note 9],

β) die bedrohte Person [bzw. bedrohten Personen].

Wie bei Handlungsunfähigkeit der bedrohten Person? — Wenn sie imstande ist, die Gefahr zu erkennen und Vorkehrungen zu treffen ......, ausreichend Anzeige an handlungsunfähige Person; sonst Anzeige an den gesetzlichen Vertreter der bedrohten Person.

g) Rechtzeitigkeit.

h) Strafbarkeit nur dann, „wenn das Verbrechen oder ein strafbarer Versuch desselben begangen worden ist". — Bedingung der Strafbarkeit! — [v. Liszt, a. a. O.; Olshausen, a. a. O. Note 11].

[Strafbares Verbrechen braucht nicht vorzuliegen. „Es genügt die Begehung eines gegen den Täter nicht strafbaren Verbrechens, wie z. B. im Falle tätiger Reue, (§ 310 nach vollendeter Brandstiftung)." (Olshausen, a. a. O. Note 11)].

i) Die Unterlassung der Anzeige ist nur als vorsätzliche strafbar. [v. Liszt, a. a. O. Note 6; a. M. Olshausen, Note 12].

B. BGB. § 823 II StGB. § 139.

Die bisherige Untersuchung beschäftigte sich mit StGB. § 139 als Strafrechtsnorm. Weil § 139 StGB. — weshalb er ja hier allein interessiert, — kraft der Verweisung in BGB. § 823 II zugleich Zivilrechtsnorm ist, und als solche auch aus dem Zusammenhange des BGB. heraus zu erklären ist[278]), so bleibt hier sub B noch nachzuprüfen, ob die Voraussetzungen für die Schadensersatzverpflichtung aus BGB. § 823 II StGB. § 139 dieselben sind wie die sub A dargestellten Voraussetzungen für die Strafbarkeit der Unterlassung der Anzeige (StGB. § 139), oder ob bzw. inwieweit diese Voraussetzungen von einander abweichen [vgl. BGB. § 823 II Satz 2!].

Ich muß mich auch hier damit begnügen, die Ergebnisse zusammenzustellen, wobei ich noch besonders hervorhebe, daß ich an dieser Stelle die Frage: inwieweit ist StGB. § 139 BGB. § 823 II der analogen Ausdehnung fähig, vollständig ausschalte.

Die Anzeigepflichtfälle des StGB. § 139 kehren — das scheint mir unzweifelhaft zu sein, — sämtlich auch für das Zivilrecht wieder[279]). Dasselbe gilt — hierfür bedarf es keines weiteren Beweises — für die Voraussetzungen sub a, b, c, d (α und β), e, f, g, h, i.

Bezüglich der Voraussetzung sub dγ folgendes:

Einwilligung ist unwirksam! StGB. § 139 will die Verhütung von Verbrechen![280]). Selbstverständlich kann der Verletzte, der in die Unterlassung der Anzeige (unwirksam) einwilligte, die hauptsächlichste zivilrechtliche Folge der Anzeigepflichtverletzung — die Schadensersatzverpflichtung — durch Erlaß (Vertrag mit dem Schuldner) beseitigen[281]).

Daß bei Kenntnis der bedrohten Person bzw. der Behörde von dem verbrecherischen Vorhaben die Anzeigeverpflichtung durch

---

278) Vgl. Zitelmann, Ausschluß der Widerrechtlichkeit 11 fg., 14, 16.

279) Ich verweise auf Oertmann², zu § 823 Note 4a (speziell γ). Vgl. aber auch Enneccerus³, I, § 452, S. 1145, b und Note 9.

280) Vgl. Zitelmann, a. a. O. 47—102, speziell 67, 77. Ungar Entw. § 1086.

281) Vgl. auch Zitelmann, a. a. O. 102.

Zweckerreichung erlischt, ist nach den früheren Ausführungen[282]) unzweifelhaft.

Noch ein Letztes!

Die Absendung der Anzeige genügt, um die Rechtsfolge der Unterlassung der Anzeige aus StGB. § 139 und BGB. § 823 II StGB. § 139 auszuschließen[283]).

Bezüglich BGB. § 823 II SprengstG. § 13 gilt das zu § 823 II BGB. § 139 StGB. Gesagte.

Zu 2.

Gumbinner a. a. O. behandelt folgenden Rechtsfall:

„Ein alleinstehender Mieter war auf einige Wochen verreist, hatte den Wohnungsschlüssel mitgenommen und die Wohnung ohne Aufsicht gelassen. Inzwischen war von der auf dem Boden befindlichen Waschküche Feuchtigkeit in die Mietwohnung gedrungen, so daß, als der Mieter zurückkehrte, die Wohnung wegen Gesundheitsgefährlichkeit unbewohnbar geworden war."

Die Klage des Hauswirts auf Weiterzahlung der Miete hatte in der II. Instanz (Kammergericht, Urteil vom 3. Okt. 1905, 15 U. 3086/05) Erfolg. Die Widerklage des Mieters auf Aufhebung des Mietschuldverhältnisses wurde abgewiesen. Das Kammergericht entschied aus folgenden Gründen[284]):

„Der Mieter hat die Obhut über die gemietete Sache auszuüben und dabei die Sorgfalt eines sorgsamen Hausvaters anzuwenden[285]). Unterläßt der Mieter die unverzügliche Anzeige einer der Wohnung drohenden Gefahr, so ist er nach § 545 BGB. dafür verantwortlich. Setzt sich ein Mieter durch längere Abwesenheit außer stand, die Obhut über die Wohnung selbst auszuüben, so hat er anderweit dafür Sorge zu tragen; wie? ist von

282) Vgl. auch S. 84—86 dieses Buches!

283) Vgl. S. 83 dieser Abhandlung.

284) Entnommen bei Gumbinner, a. a. O.

285) Über die Obhutspflicht des Mieters vgl. Kohler, ArchCivPrax. LXXI, 397 fg.; ders. Lehrbuch des Bürgerlichen Rechts, II 1, § 123, X S. 323/4; Oertmann², S. 473 Ziffer 2 b. Vgl. auch neuestens Schneider, Der Begriff der Erfüllungshandlungen nach § 278 BGB., Jhering J. LIII 33 fg., 35 fg. Diese Obhutspflicht fließt aber entgegen den Ausführungen Schneiders a. a. O. aus dem Gesetze ab, nicht aus dem Vertrage oder den Umständen.

Fall zu Fall zu entscheiden. In der Regel wird es genügen, wenn der Mieter durch einen Bekannten die Wohnung wöchentlich ein- bis zweimal besichtigen läßt; ist das nicht tunlich, so muß er sich an den Hausverwalter wenden; die Scheu, fremden Personen den Zutritt in seine Wohnung zu gestatten, rechtfertigt nicht ein Verhalten, das dem Vermieter schweren Schaden zuzufügen und die Mietsache in ihrem ganzen Bestande zu gefährden geeignet ist. Nun hat zwar der Vermieter für das Eindringen des Wassers und für seine ersten unmittelbaren Folgen aufzukommen, nicht aber für die späteren Folgen, also die Verbreitung der Feuchtigkeit in der Wohnung und deren gesundheitsgefährdenden Zustand, da der Mieter es schuldhafterweise unterlassen hat, eine baldige Anzeige von dem Schaden zu machen. Wäre diese erfolgt, so hätte die Feuchtigkeit nicht weiterfressen können."

Gumbinner bezeichnet diese Entscheidung als nicht unbedenklich. — Mit Unrecht! —

Der Mieter hat — darüber kann kein Zweifel bestehen, und das wird von Gumbinner a. a. O. 195 zugegeben, — sich schuldhafterweise die Möglichkeit der Anzeige versperrt. Folge der Nichterfüllung der Anzeigeverpflichtung: Eintritt der Rechtsfolgen aus BGB. § 545 II. Gumbinner will nun dem Mieter dadurch helfen, daß er eine Verpflichtung des Vermieters: die Keller- und Bodenräume ab und zu revidieren zu lassen, annimmt. Wäre der Vermieter dieser Verpflichtung nachgekommen, so hätte er die Quelle des Übels verstopfen und sofortige Abhilfe [Austrocknung der Wohnung usw.] schaffen können. Das Bestehen einer derartigen Vermieterverpflichtung zu beweisen, ist von Gumbinner nicht einmal versucht worden. Praxis und Theorie[286]) stehen bekanntlich — mit Recht — auf dem entgegengesetzten Standpunkte. Nur dann würde ich die Entscheidung des Kammergerichts mißbilligen, wenn sich eine Verkehrssitte eingebürgert hätte, nach der diese Revisionen durch den Vermieter in der Tat so häufig und regelmäßig vorgenommen werden, daß der verreisende Mieter mit ihnen

---

[286]) Vgl. Oertmann², zu § 545 Note 1a, Abs. 2. Zitate daselbst. Neustens RG. VI, 19. III. 08. JW. XXXVII S. 300/301 Nr. 6.

rechnen darf [also täglich, oder doch wöchentlich ein- oder zweimal].

Wenn Gumbinner schließlich behauptet, das anscheinend für die Wirte so günstige Urteil sei doch ein Danaergeschenk für sie, ... denn der verreisende Mieter brauche seine Schlüssel nicht dem Verwalter abzugeben, sondern könne sie und werde sie dem Hauswirt selbst geben; und wenn dieser sie dann dem Verwalter weitergebe, so hafte er dem Mieter nach BGB. § 278 für jeden durch den Verwalter oder dessen Leute in der Mietwohnung verschuldeten Schaden ......, so ist hier übersehen, daß der Vermieter gar nicht verpflichtet ist, die Obhutspflicht dem Mieter zeitweise abzunehmen, sondern ein derartiges Anerbieten ablehnen kann, daß der Mieter also nicht in der Lage ist, durch Abgabe der Schlüssel oder gar durch bloße Anzeige von seinem Weggange an den Vermieter die Obhut- und Anzeigepflicht abzustreifen, daß es vielmehr zu diesem Zwecke einer Vereinbarung zwischen Mieter und Vermieter bedarf[287]).

2. Versuch eines Ausbaus dieser Regelung.

Erschöpfen die Anzeigepflichtnormen unseres BGB. in dem durch das BGB. geregelten Privatrechtsteile die ganzen Anzeigepflichtfälle[288]), oder sind darüber hinaus noch weitere Anzeigepflichtfälle anzunehmen? —

---

287) Nicht anders — wenn ich ihn richtig verstehe — Kohler, ArchCiv.-Prax. LXXI 398/9, und Lehrbuch des Bürgerlichen Rechts, II 1, S. 324.

288) Es versteht sich von selbst, daß bei den sogenannten „gemischten Schuldverhältnissen", also Schuldverhältnissen, die z. B. teils nach den Regeln des Kaufs, teils nach denen der Miete zu beurteilen sind [vgl auch Kohler, Lehrbuch des Bürgerlichen Rechts, II 1, § 125 I, S 333], auch die Anzeigepflichtnormen [z. B.: BGB § 545] Anwendung finden. Hier handelt es sich selbstverständlich nicht um analoge Ausdehnung der Anzeigepflichtnormen!

Weil die Lehre von den sog. „gemischten Schuldverhältnissen" sich zur Zeit noch sehr in den Anfängen befindet [vgl. Oertmann[3], zu § 516 Note 8, zu § 535 Note 3b und Note 4 vor § 611; Enneccerus[3], I §§ 323, 347; Staudinger-Riezler[3/4], S. 326 III; Staudinger-Kober[3/4], IIa, S. 424, Note 5 Note 1d zu § 516, II 3 zu § 518, IV zu § 530; RG. II, 2. Juli 1907, 126/07, Recht XI, 1066, Nr. 2541; Klein, Vertragliche Änderung des Inhalts,

Um diese Frage [vgl. auch S. 19!] beantworten zu können, ist

I. zunächst festzustellen, ob die Annahme weiterer Anzeigepflichtfälle mit den positiven Bestimmungen unseres BGB. überhaupt vereinbar ist.

Diese Frage ist zu bejahen, weil

a) die ganze Anzeigepflichtregelung unseres BGB. aus einem **einheitlichen**[289]) Rechtsgedanken: der Anzeigeempfänger soll durch die Anzeige eine für sein künftiges Handeln notwendige Aufklärung erhalten, er soll für sich richtig sorgen können[290]), fließt;

b) die analoge Ausweitung der Anzeigepflichtregelung mit BGB. § 242 und verwandten Bestimmungen gestützt werden kann.

II. Ist die Annahme weiterer Anzeigepflichtfälle mit den positiven Bestimmungen unseres BGB. vereinbar, so fragt es sich weiterhin, ob die Ausweitung der gesetzlichen Anzeigepflichtregelung auch wünschenswert erscheint. Grundsätzlich ist auch diese Frage mit Stammler[291]), Kohler[292]) und Krückmann[293]) zu bejahen. Weil — so argumentiere ich — die positiven Anzeigepflichtnormen unseres BGB. (was wohl niemand bestreiten dürfte[294])) sachlich begründet sind, sich als „richtige Mittel zum rechten Zwecke" erweisen, so hat der in diesen Normen zum Ausdruck gelangte Rechtsgedanke werbende Kraft, ist eine Ausweitung der Anzeigepflichtregelung zulässig.

Dieser Satz gilt für den **ganzen** durch das BGB. geregelten Privatrechtsteil.

---

eines Schuldverhältnisses, Note 85], so muß hier dieser allgemeine Hinweis genügen.

Zu einer Reihe von Einzelfragen aus dieser Lehre (auch über die Bedeutung des Schuldabänderungsvertrages für dieses Problem) werde ich demnächst in einer Abhandlung: Zur Lehre von den „gemischten Verträgen" und „gemischten Schuldverhältnissen", Stellung nehmen.

289) Vgl. Klein, SeuffBl. LXXII 143, erste Zeilen.

290) Vgl. Stammler, Die Lehre vom richtigen Rechte 369, 370/1

291) a. a. O. 371.

292) Lehrbuch des Bürgerlichen Rechts, II 1 S. 24/5.

293) a. a. O. 181 fg.; 284/5 (Note 160!); sehr vorsichtig zurückhaltend Staudinger-Kuhlenbeck[3/4], S. 121, Note *).

294) Vgl. auch RGZ., LXV Nr. 38.

Ich erörtere ihn im folgenden eingehend für das Schuldrecht[295]). [Vgl. S. 19/20 dieser Abhandlung!]

. . . . . . Der Besprechung irgendwelcher Einzelheiten ist eine Darstellung der für unseren Versuch eines Ausbaus der Anzeigepflichtregelung maßgebenden Gesichtspunkte vorangestellt.

A. Nur im Vorübergehen sei daran erinnert, daß gerade bei einem Problem wie dem unsrigen, wo noch so manches flüssig ist, eine peinlich genaue Grenzregelung zwischen den Geboten des Rechts einerseits, den Geboten der Religion, Moral, Gesellschaft, den „modernen Bürgerpflichten"[296]) anderseits, unumgänglich nottut.

Hat X mir schlechte Waren geliefert, und will mein Freund B von diesem X dieselben Waren beziehen, so verlangt es die Freundschaft, daß ich B warne. Selbstverständlich besteht aber hierzu keine Rechtspflicht, und darum kann, falls ich die Anzeige unterlasse, mein Freund von mir keinen Schadensersatz verlangen.

Wer — um ein Beispiel Hedemanns[297]) anzuführen — von einem Falle weiß, in dem Fürsorgeerziehung geboten ist, verletzt seine „Bürgerpflicht", wenn er rücksichtslos und unbekümmert hieran vorübergeht. Er muß mindestens der Behörde hiervon Anzeige machen, damit sie eingreifen und die Kinder vor ihrem gänzlichen Ruin bewahren kann. Trägheit und Gleichgültigkeit in dieser wichtigen Frage sind sicherlich jämmerlich. Aber eine Rechtspflicht zu dieser Anzeige läßt sich nicht begründen.

Hier überläßt die Rechtsordnung die Regelung der Dinge anderen Mächten, der Religion, Moral, Liebe usw., vielleicht weil sie glaubt, daß jene anderen Mächte hierzu berufener sind, vielleicht auch deshalb, weil der Gesetzgeber sich heute noch nicht reif genug fühlt, selbst eine abschließende Regelung zu treffen, oder weil die hier angerührten Pflichtgedanken noch nicht tief genug in die Rechtsgenossen eingedrungen sind.

Aber die Dinge liegen nicht überall so einfach und klar wie

---

295) Vgl. auch S. 19 dieser Abhandlung, Ziffer 2.

296) Hedemann, Moderne Bürgerpflichten, 1907; wo ich von „modernen Bürgerpflichten" spreche, nehme ich den Begriff im Sinne Hedemanns.

297) Hedemann, a. a. O. 18/19.

in diesen beiden Fällen. Das zeigt sich vortrefflich bei der nunmehr zu erörternden Frage, die neuerdings auch das RG. beschäftigt hat.

In unserm Rechtsfall 7 wandte der Beklagte ein: die Klägerin sei verpflichtet gewesen, ihn von der Zwangsversteigerung zu benachrichtigen, „wie solches bisher während der langjährigen Geschäftsverbindung der Parteien in gleichen Fällen regelmäßig geschehen sei.

Die Analyse der „langjährigen Geschäftsverbindung" ergab [vgl. RG. LXV 141] für den konkreten Fall, daß

a) zwischen dem Beklagten und der Klägerin „kein einheitliches, dauerndes Vertragsverhältnis, in dessen Rahmen auch die hier in Frage stehende Abtretung von Hypotheken mit Bürgschaftsübernahme gefallen wäre", bestanden hat, vielmehr einzelne, gesonderte, allerdings gleichartige und öfters wiederkehrende Geschäfte (wie auch mit anderen Güterhändlern) abgeschlossen wurden,

b) die in früheren Fällen geübte Benachrichtigung bei Abschluß der späteren Einzelgeschäfte nicht zur stillschweigenden Vertragsbestimmung gemacht worden ist.

Es bleibt darum nur noch die (hier allein interessierende) Frage zu beantworten:

Ist aus dem Umstande, daß die Klägerin dem Beklagten aus bloßer **Gefälligkeit** wiederholt oder sogar regelmäßig die Anzeige von einer bevorstehenden Zwangsversteigerung zugehen ließ, eine rechtliche Bindung entstanden? Hat die beim Beklagten durch die bisher geübte Gefälligkeit etwa hervorgerufene Erwartung, daß er auch fernerhin immer in gleicher Weise benachrichtigt werden würde, diesem einen Rechtsanspruch auf Anzeige bzw. Schadensersatz gegenüber der Klägerin verschafft oder nicht?

Das RG. hat diese Frage mit Recht verneint. Enthält doch (1. Grund!) das BGB. keinen Satz, nach dem es eine allgemeine Haftung für das durch ein bestimmtes, häufig gezeigtes Verhalten erzeugte Vertrauen und einen eventuellen Schaden gäbe.

Stärker spricht für diese Entscheidung des RG. noch folgender Grund:

Überall dort, wo jemand im Geschäftsleben eine besondere[298]) Gefälligkeit erweist, will er sich selbstverständlich nicht durch die einmal erwiesene Gefälligkeit für alle Zukunft binden. In kurzer Zeit wären jede Gefälligkeit und jedes Entgegenkommen aus der Welt gebannt, wenn sich die erwiesene Gefälligkeit schließlich für den Erweisenden in eine Gefahr verkehren würde, wenn der Gefällige deshalb, weil er später einmal diese Gefälligkeit unterläßt, schadensersatzpflichtig werden sollte.

Anders lautete die Antwort auf unsere Frage: Ist aus dem Umstande, daß die Klägerin ...... oder nicht? nur dann, wenn die Klägerin lediglich deshalb früher dem Beklagten Benachrichtigungen zugehen ließ, um ihn in Sicherheit zu wiegen und dann, — wo der Beklagte vertrauensselig erwartete, auch fernerhin stets in gleicher Weise benachrichtigt zu werden — aus dem Nichthandeln des Beklagten ihre Vorteile ziehen zu können. Hier wäre dem Beklagten aus BGB. § 826 zu helfen[299]).

Noch mehr! Selbst dann, wenn zwischen der Klägerin und dem Beklagten ein einheitliches, dauerndes Vertragsverhältnis bestanden hätte, würde ich grundsätzlich annehmen, daß, falls die Klägerin aus Gefälligkeit häufig oder sogar regelmäßig dem Beklagten Benachrichtigungen zugehen ließ, dennoch nicht die bis dahin geübte Benachrichtigung bei Abschluß der folgenden Einzelgeschäfte zur stillschweigenden Vertragsbestimmung gemacht worden sei[300]).

Das Geschäftsleben hat ein sehr feines Gefühl für die verschiedenen Arten von Gefälligkeiten.

Es gibt Gefälligkeiten und Aufmerksamkeiten im Geschäftsleben, welche nach der Verkehrssitte als so selbstverständlich empfunden werden, daß wir auf sie mit Sicherheit rechnen können.

---

298) Vgl. auch S. 106 dieser Abhandlung.

299) Vgl. RGZ. LXV S 112.

300) Anders in dem S. 18 Note 29 angeführten Falle b. Hier würde ich annehmen, daß der Buchhändler infolge der langen Geschäftsverbindung mit X verpflichtet ist, X darauf hinzuweisen, daß in einem Monat die neue Auflage des Werkes erscheinen wird.

Sie gehören zum Schuldinhalt. Davon unterscheiden sich scharf die Gefälligkeiten, welche über dieses durch die jeweilige Verkehrssitte bestimmte Maß hinausragen, und hierher rechne ich auch die Gefälligkeit der „Benachrichtigung" in unserem Falle.

Das muß hier genügen.[301])

B. Die Anzeige muß „tunlich" sein. —

Dieser Satz ist von grundlegender Bedeutung für jede analoge Ausweitung der Anzeigepflichtregelung.

Die durch die Ausweitung der Anzeigepflichtregelung gewonnene neue Anzeigepflichtnorm darf niemals den Anzeigepflichtigen schwerer belasten, als es dem Gläubiger wert sein kann. Schon allein deshalb nicht, weil der Anzeigepflichtige doch höchstens[302]) die Übernahme der durch die Anzeige entstandenen Kosten vom Gläubiger verlangen kann.[303])

M. a. W. Nur dort, wo die Interessenlage so beschaffen ist, daß wir bei Berücksichtigung aller Umstände zu dem Ergebnis gelangen: Die Mühe einer Anzeige kann verlangt werden, darf eine Anzeigepflicht angenommen werden. Oder noch anders! Wir müssen von der höheren Warte der Gerechtigkeit aus urteilend sagen können: In dieser speziellen Ausweitung der Anzeigepflichtregelung ist das rechte Mittel gewählt worden, um zu einem richtigen Ergebnisse zu gelangen[304]); diese spezielle Ausweitung der Anzeigepflichtregelung ist tunlich!

Für eine Reihe von Fällen ist die Entscheidung der Frage: Besteht hier — über die ausdrückliche Anzeigepflichtregelung des Schuldrechts hinaus — eine Anzeigepflicht? außerordentlich einfach. Ist die Frage gestellt, so ist auch bereits die Antwort gegeben, und zwar eine Antwort, die keinen Widerspruch fürchten muß.

Einige Beispiele!

BGB. § 545 legt dem Mieter die Verpflichtung zur Anzeige

---

301) Gerade in solchen Fällen muß der Richter durch verständige Berücksichtigung des Individualverhältnisses der Gerechtigkeit zum Siege helfen.

302) Vgl. zunächst Stammler, a. a. O. 370; sodann S. 74 fg. dieser Abhandlung.

303) Vgl. auch S. 130/1 dieser Abhandlung.

304) Worte aus Stammler, die Lehre von dem richtigen Rechte.

auf. Besteht vielleicht eine derartige Anzeigepflicht auch für den Entleiher? M. E. — die Interessenlage [Aushändigung der Sache, — Angewiesensein auf die Sorgfalt und Obhut eines anderen!] ist doch dieselbe, — unzweifelhaft: ja! Nur ist zu bedenken, daß der Entleiher gemäß BGB. § 601 die gewöhnlichen Kosten der Erhaltung der geliehenen Sache zu tragen hat, was ja aus bekannten, oft erörterten Gründen für die Miete nicht wiederkehrt, daß folglich eine Anzeigepflicht des Entleihers nur insoweit in Betracht kommt, als es sich um Mängel handelt, an die in BGB. § 601 nicht gedacht ist, oder wenn eine nicht vorhergesehene Gefahr der geliehenen Sache droht, oder wenn ein Dritter sich ein Recht an der geliehenen Sache anmaßt. — Besteht sie für den Gast gegenüber dem Gastwirt? Unzweifelhaft nicht! Auch dann nicht, wenn der Gast für mehrere Monate in dem Gasthause Wohnung nimmt? Die Interessenlage ist hier eine vollständig andere! Der Gastwirt behält hier die Möglichkeit, die vermieteten Räume entweder selbst täglich einzusehen oder durch seine Angestellten einsehen zu lassen. Er ist daher auf eine Anzeige des Gastes nicht angewiesen.

A hat dem B die Hingabe eines Darlehns versprochen. Vor der Hingabe des Darlehns verschlechtern sich die Vermögensverhältnisse Bs infolge einer geschäftlichen Krisis oder einer Krankheit Bs derart, daß zur Zeit As Anspruch auf die Rückerstattung gefährdet erscheint. B hat berechtigte Hoffnung, diese Krisis in seinen Vermögensverhältnissen überwinden zu können. Hier ist B selbstverständlich nicht verpflichtet, dem A von dem Eintritt der wesentlichen Verschlechterung in seinen Vermögensverhältnissen Anzeige zu machen und damit eventuell seinen eigenen Vermögenszusammenbruch herbeizuführen.

Ich erinnere an die Ausführungen S. 89fg. dieses Buches! Scharfe Scheidung zwischen „Reinem Gewährschaftsrecht“ und „Verschuldungsrecht“! Anzeigepflicht bei Kauf, Miete, Schenkung, Leihe, Verwahrung. Diese Scheidung gilt auch für das Darlehn, für die Gesellschaft, die Gemeinschaft! Auch hier gibt es eine Anzeigepflicht.

Der Darleiher [BGB. § 607 I], der vertretbare Sachen als

Darlehn gibt, ist anzeigepflichtig und zwar beim unverzinslichen Darlehn wie ein Verleiher[304a]), beim verzinslichen Darlehn wie ein Verkäufer,

der Gesellschafter, der gemäß BGB § 706 II Sachen beizutragen hat, ist anzeigepflichtig,

die Gemeinschafter, die bei der Aufhebung der Gemeinschaft einen gemeinschaftlichen Gegenstand einem der Teilhaber zuteilen, sind anzeigepflichtig (vgl. auch S. 94 dieses Buches!), alles Entscheidungen, die keinen Widerspruch zu fürchten brauchen (vgl. auch Krückmann, a. a. O. 236/7).

Schließlich: Beispiel e in Note 38! — Hier eine Anzeigepflicht As gegenüber dem Räuber anzunehmen, wird wohl niemandem in den Sinn kommen.

Bei anderen Fällen darf man sich selbstverständlich nicht darüber täuschen, daß die Auffassungen darüber, inwieweit im einzelnen eine Ausweitung der Anzeigepflichtregelung zulässig erscheint, weit auseinandergehen werden, daß hier eine vollständige Übereinstimmung wohl niemals erzielt werden kann. Aber ist dies bei einer Frage wie der unsrigen etwa verwunderlich? Bei einem Problem, bei dem schließlich alles auf Werturteile hinausläuft, Werturteile, die im letzten Grunde aus der Weltanschauung, der Persönlichkeit des einzelnen fließen, Werturteile, bei denen man niemanden mit formallogischen Beweisgründen zwingen kann, die eigene Entscheidung anzunehmen!

Sämtliche ausdrücklich geregelten Anzeigepflichtfälle des Schuldrechts zerfallen in 2 Gruppen:

1. Zwischen dem Anzeigepflichtigen und Anzeigeberechtigten besteht eine Sonderverbindung (ein Schuldverhältnis) und aus dieser Sonderverbindung heraus werden auch Anzeigen geschuldet.

304a) Vgl. Krückmann, a. a. O. 236 Ziffer V. — Die Anzeigepflicht in den durch §365 BGB. geregelten Anzeigepflichtfällen ist inhaltlich verschieden, je nachdem die Verpflichtung, auf die hin die Leistung an Erfüllungsstatt bewirkt wird, donandi causa eingegangen ist oder nicht.

Vgl. Klein, Zur Lehre von der Leistung an Erfüllungsstatt, Hess. Rechtspr. V Nr. 7 S. 55/56, Zitate daselbst. Oertmann², zu § 365 Note 2. — Ungar Entw. § 1278 übersieht diese Feinheit.

2. Nur eine Anzeige wird geschuldet (BGB. § 823 II StGB. § 139 usw.). Über diese einzelne Verpflichtung hinaus besteht keinerlei Sonderverbindung. Die geschuldete Anzeige macht den ganzen Leistungsinhalt aus. —

Diese Einteilung der Anzeigepflichtfälle ist keine willkürliche. Ihr Wert und ihre Bedeutung treten vielmehr gerade bei der Beantwortung der hier zu erörternden Frage: inwieweit kann über die ausdrückliche Anzeigepflichtregelung im Schuldrecht hinaus eine Anzeige verlangt werden? deutlich hervor. Denn die Gesichtspunkte, aus denen heraus gerade diese Frage zu entscheiden ist, sind für die beiden Gruppen vollständig verschieden.

Dementsprechend beantworte ich auch in den folgenden Einzeluntersuchungen die Frage: inwieweit ist eine Ausweitung der Anzeigepflichtregelung zulässig?, für beide Gruppen von Anzeigepflichtfällen getrennt.

Im Einzelnen.

A. Gruppe 1.

[Es besteht eine Sonderverbindung.]

Treu und Glauben erfordern, daß jeder Teil in der Sondergemeinschaft (dem Schuldverhältnisse), aus der beide Teile Vorteile ziehen, darauf hinwirkt, daß die Sondergemeinschaft zur Bedürfnisbefriedigung führt, daß der Endzweck der Sondergemeinschaft erreicht werde[305]). Soweit daher die Erreichung des Endzweckes der Sondergemeinschaft bestimmte Benachrichtigungen und Mitteilungen seitens des einen Teils an den andern Teil notwendig[306]) macht[307]), ist eine Verpflichtung zur Anzeige anzunehmen, es sei denn, daß die Anzeige untunlich ist, daß gewichtigere Interessen des Anzeigepflichtigen entgegenstehen.

---

305) Vgl. Stammler, a. a. O. z. B. S. 165, 194, 197, 198, 281, 283. — Siehe auch Schneider, Zur Verständigung über den Begriff von Treu und Glauben, ArchBürgR. XXV 299.

306) Vgl. S. 102 dieser Abhandlung!

307) Vgl. Krückmann, a. a. O. 284/5.

Hierfür berufe ich mich einmal auf die positive Regelung der Anzeigepflicht im Schuldrecht, welche beiden Teilen[308]) in der Sonderverbindung, Gläubiger wie Schuldner, eine Anzeigepflicht auferlegt, sodann auf BGB. § 242, jene Norm, die es uns ermöglicht, die Ansätze zu wertvollen allgemeinen Rechtsgedanken in unserem Schuldrecht auszubauen und damit unser Schuldrecht inhaltlich zu verfeinern[309]).

...... Es besteht eine Anzeigepflicht, soweit die Erreichung des Endzweckes der Sondergemeinschaft Benachrichtigungen erfordert.

Sie besteht also jedenfalls überall dort nicht, wo der andere Teil von dem Umstande auch ohne Anzeige weiß, bzw. wissen muß.

Sie besteht nur insoweit, als das anzuzeigende Ereignis eine Veränderung der Sondergemeinschaft (des Schuldverhältnisses) herbeigeführt hat oder herbeizuführen droht[310]), die gerade für das richtige Handeln des andern Teils[311]) erheblich ist, die der andere Teil kennen muß, um sich gegen drohenden Schaden vorsehen und schützen zu können.

Ich wende mich nunmehr der Kasuistik zu.

1. Rechtsfall 10.

A und B schlossen einen Kaufvertrag ab und vereinbarten, daß dieser Vertrag gerichtlich bzw. notariell vollzogen werde. Es besteht also seit dem Abschlusse des ersten mündlichen Vertrags ein Schuldverhältnis zwischen A und B, aus dem auch der Anspruch auf Vollziehung des Vertrages fließt.

Wenn nun A bei der Vollziehung des Vertrags, z. B. aus geschäftlicher Ungewandtheit, zu seinem Schaden irrtümliche Angaben über den Inhalt des Erstvertrags macht, so ist B verpflichtet, A's Irrtum aufzuklären. Denn der Endzweck der durch

308) Darum ist die Formulierung bei Krückmann, 285 (oben), zu eng.

309) Vgl. auch Klein, Die Lehre vom ordre public, ArchBürgR. XXIX 363.

310) Vgl. Rechtsfall 10.

311) Dies läßt sich abschließend nur für den einzelnen Fall bestimmen.

den Erstvertrag geschaffenen Sondergemeinschaft kann in unserm Falle nur dann erreicht werden, wenn der vollzogene Vertrag mit dem Erstvertrag inhaltlich übereinstimmt.

2. Bei Hol-Gattungs-Schulden ist zur Konzentration

a) Ausscheidung des Individuums aus der Gattung zum Zwecke der Leistung und

b) Mitteilung des Ausscheidungsaktes an den Gläubiger

erforderlich. [Vgl. Crome, System, II § 147 S. 52 und Note 40.]

3. Rechtsfall 1.

Stammlers Entscheidung ist unzweifelhaft richtig. Hat jemand in dem das Schuldverhältnis begründenden Vertrage seinem Vertragsgenossen für den Fall des Eintritts einer Bedingung [Beispiel: wenn der Mieter binnen einiger Tage auszieht] Befugnisse [Gebrauch der vermieteten Sache] zugesprochen, und können diese Befugnisse erst nach Kenntnis des Bedingungseintritts ausgeübt werden, so besteht eine Verpflichtung: Nachricht vom Bedingungseintritt, dieser für den anderen Vertragsgenossen (Mieter) wichtigen Veränderung des Schuldverhältnisses zu geben[312]).

Darum hat der Mäkler in dem Note 5 erwähnten Falle Anspruch auf Erstattung der Anzeige vom Bedingungseintritt, und zwar einen Anspruch gegenüber beiden Vertragschließenden.

Das Gesagte wiederholt sich selbstverständlich nicht für die Zeitbestimmung.

4. Rechtsfall 2.

Allgemein anerkannt ist heute im Schrifttum[313]) und in der Praxis der Satz: der Schuldner muß dem Gläubiger unverzüglich die ihm (Schuldner) bekannt gewordene „Unmöglichkeit der Leistung" anzeigen. Denn der Gläubiger rechnet mit der Erfüllung. Er muß sich vorsehen können. Darum die Anzeige!

Ich unterscheide folgende Fälle:

---

312) Teilweise wörtlich entnommen aus Kohler, Lehrbuch des bürgerlichen Rechts II 1 S. 25 — Man denke an BGB. §§ 308, 2171.

313) Vgl. die Zitate in Note 6 dieser Abhandlung; ferner: Siber, Zur Theorie von Schuld und Haftung nach Reichsrecht, Jhering J. L S. 269 Note 2; Brecht, System der Verschuldenshaftung (Unmöglichkeit der Leistung, positive Vertragsverletzung und Verzug), Jhering J. LIII 244/5.

I. a) Der Schuldner weiß bei Eingehung des Vertrags, daß die Leistung unmöglich ist. Er verletzte seine Anzeigepflicht bei Eingehung des Vertrags. Er muß — die Anzeigepflicht bleibt fortbestehen, — unverzüglich dem Gläubiger die Unmöglichkeit der Leistung anzeigen.

b) dem Schuldner war bei Eingehung des Vertrags die Unmöglichkeit der Leistung nicht bekannt [er konnte sie auch nicht kennen!].

Sobald ihm die Unmöglichkeit der Leistung nach Vertragschluß bekannt wird, muß er davon dem Gläubiger unverzüglich Anzeige erstatten.

— Die Nichtigkeit des Vertrags [BGB. § 306] schließt [vgl. auch BGB. § 307!] nicht aus, daß eine Verpflichtung zur Anzeige eintritt[314]).

II. Die Unmöglichkeit der Leistung tritt nachträglich ein; der Schuldner muß hier die Unmöglichkeit der Leistung, sobald sie ihm bekannt wird, unverzüglich anzeigen,

a) sowohl dann, wenn sie ohne sein Verschulden eingetreten ist,

b) als auch dann, wenn er sie verschuldet hat,

nur dann nicht, wenn die Unmöglichkeit der Leistung infolge Verschuldens des Gläubigers eingetreten ist.

Mit Recht hebt die Entscheidung des OLG. Hamburg hervor, eine Benachrichtigungspflicht bestehe bereits dann, wenn Umstände eintreten, die die Möglichkeit der Leistung ernstlich in Frage stellen. Was hier für die nachträgliche Unmöglichkeit ausgeführt wird, gilt auch für die Zeit vor dem Vertragschluß. Sind vor Eingehung des Vertrags dem Schuldner Umstände bekannt, die eine künftige Erfüllung ernstlich in Zweifel stellen, so muß der Schuldner vor Abschluß des Vertrags den Gläubiger hierauf aufmerksam machen. [Wichtig auch für BGB. § 439 (vgl. §§ 440fg. BGB.)].

---

314) Anders natürlich in den Fällen des „nichtvorhandenen Vertrags". Vgl. Zitelmann, Die Rechtsgeschäfte im Entwurf, II 70; Ders., Allgemeiner Teil, 102; Staudinger-Riezler³/⁴, S. 371 VI; Dernburg, Bürgerliches Recht³ I § 116 II; Recht, XII. Nr. 1945; Frankenburger, Seuff Bl LXXIII. 496.

Das Gesagte gilt in gleicher Weise für

a) die Fälle teilweiser, oder zeitweiser, vorübergehender Unmöglichkeit,

b) die Fälle, daß eine von mehreren wahlweise versprochenen Leistungen unmöglich wird,

c) für die Fälle der subjektiven Unmöglichkeit (Unvermögens), mag diese subjektive Unmöglichkeit verschuldet sein oder nicht, mag sie vor Eingehung des Vertrags bestanden haben oder nachträglich eingetreten sein,

d) schließlich für die Fälle, in denen die Leistung für den Schuldner unerschwinglich wird, wo er dem Gläubiger-Anspruch auf Leistung die „Einrede aus gewichtigem Grunde"[315]) entgegensetzen kann.

Hier hat der Schuldner, sobald er sein Unvermögen kennt oder auch nur ernstlich befürchten muß, oder sobald er sich darüber schlüssig ist, daß er dem Gläubigeranspruch sein Gegenrecht, die Leistung zu verweigern, entgegenstellen will — den Gläubiger zu benachrichtigen, damit dieser der veränderten Sachlage gerecht werden kann.

Hat sich der Onkel durch ein gerichtlich oder notariell beurkundetes Schenkungsversprechen verpflichtet, dem Neffen ein Reitpferd für die nächste militärische Übung zu verschaffen, und erleidet der Onkel dann einige Tage nachher einen so erheblichen Vermögensverlust, daß er bei Berücksichtigung seiner sonstigen Verpflichtungen außerstande ist, das Versprechen zu erfüllen, ohne daß sein standesmäßiger Unterhalt oder die Erfüllung der ihm kraft Gesetzes obliegenden Unterhaltspflicht gefährdet wird, so kann der Onkel gemäß BGB. § 519 I die Erfüllung des Versprechens verweigern. Er ist aber m. E. verpflichtet, unverzüglich nach seinem Entschlusse: die Erfüllung des Versprechens zu verweigern, — den Neffen zu benachrichtigen, damit dieser sich rechtzeitig umsehen und sich ein für die Zwecke einer militärischen Übung geeignetes Reitpferd verschaffen kann.

---

315) Inwieweit dies möglich ist, ist hier nicht zu erörtern.

5. Rechtsfälle 4 und 5.

Zunächst Rechtsfall 4!

Er gehört zu den Fällen, für die ich in meinen Abhandlungen im ArchBürgR. XXXI 214 fg. und in SeuffBl. LXXIII 318 fg. den Nachweis versucht habe, daß hier die Verpflichtung des Schuldners zur Leistung durch die beiden Erlöschensgründe: Zweckerreichung und nachträgliche, unverschuldete Unmöglichkeit der Leistung erlischt. Ich gelangte daher für diese Fälle zu dem Ergebnis: der Gläubiger-Schuldner kann sich bezüglich seiner Verpflichtung zur Gegenleistung auf den Erlöschensgrund berufen, der für ihn am günstigsten ist — die Unmöglichkeit der Leistung. Mithin kann von einem Anspruch des Schuldners auf Vergütung für die bereits vorgenommenen Vorbereitungshandlungen — den die Gegenansicht mit verschiedener Begründung[316]) dem Schuldner gewähren will, — nicht die Rede sein.

Dagegen erfordern — führte ich aus[317]) — Treu und Glauben, daß der Gläubiger, sobald er von dem zufälligen Eintritt des mit dem Schuldverhältnis bezweckten Erfolges erfährt, sich der geringen Mühe unterzieht, dem Schuldner davon unverzüglich Mitteilung zu machen, damit der Schuldner seine eventuell sehr kostspielige Vorbereitungstätigkeit sofort einstellen kann und keinen weiteren Schaden erleide. — Andernfalls geht die weitere Vorbereitungstätigkeit auf die Gefahr des anzeigepflichtigen Gläubigers.

Aus demselben Gesichtspunkte heraus fließt auch die Entscheidung des Rechtsfalles 5.

Der Gläubiger weiß hier, daß es trotz der schuldnerischen Vorbereitungshandlungen nicht zur Bewirkung der geschuldeten Leistung kommen kann. Davon muß er dem Schuldner, der für seine Vorbereitungstätigkeit als solche keine Vergütung verlangen kann[318]), dem also eventuell ein großer Schaden droht, unverzüglich Anzeige machen.

---

[316]) Vgl. zunächst die Angaben in ArchBürgR. XXXI, 214 fg. und SeuffBl. LXXIII 318 fg.; sodann wegen weiterer Gegenansichten vgl. die Bemerkungen Hedemanns, ArchBürgR., XXXI 367/8.

[317]) ArchBürgR. XXXI 223/4.

[318]) Vgl. Klein, SeuffBl. LXXIII 318 fg.; Oertmann, Entschädigung für Projektarbeiten, DJZ. XIII 457.

Man wird darüber hinausgehend den allgemeinen Satz aufstellen dürfen: Weiß der Gläubiger, daß die schuldnerische Vorbereitungstätigkeit wegen eines bestimmten Umstandes nicht zum Ziele führen kann, und daß der Schuldner von diesem Umstande nicht weiß, so muß er hiervon dem Schuldner unverzüglich Anzeige erstatten. (Beispiel: BGB. § 267 I Satz 1. Anzeige von der Erfüllung durch den Dritten an den Schuldner!) Ich verweise fernerhin auf die Ausführungen S. 118 dieses Buches.

An diese Erörterungen knüpfe ich die Entscheidung

6. der Rechtsfälle 9 und 11 an.

Mir scheint auch hier im Hinblick auf die bestehende Sondergemeinschaft die Annahme einer Anzeigepflicht des Käufers bzw. Bauherrn unerläßlich notwendig.

7. Grundsätzlich repetieren die Ergebnisse bezüglich der Anzeigepflicht bei Unmöglichkeit der Leistung auch für den Schuldnerverzug, mag der Verzug vom Schuldner zu vertreten sein oder nicht (BGB. §§ 284, 285). [Vgl. auch Note 333!]

8. Ich wende mich nunmehr der Besprechung der Anzeigepflichtfälle zu, die Krückmann, a. a. O. 203fg. und neustens Kiß, ArchBürgR. XXXI 189/190 bei ihren Untersuchungen über die positiven Vertragsverletzungen erörtert haben. Kam es aber jenen Schriftstellern hauptsächlich darauf an, die Lehre von den positiven Vertragsverletzungen aufzuhellen, so begnügt sich diese Abhandlung im Gegensatze dazu mit der Nachprüfung der Frage: Handelt es sich in diesen Fällen wirklich um Anzeigepflichtfälle oder nicht, unbekümmert darum, ob diese Fälle lediglich unserm Untersuchungsgebiet (Anzeigepflicht im Schuldrecht) oder darüber hinaus auch noch dem Gebiet der positiven Vertragsverletzungen angehören.

Ich wähle Krückmanns Beispiele zum Ausgangspunkt:

1. Käufer und Verkäufer machen ab, die zu liefernde Ware solle noch lagern; der Verkäufer solle sie nur für den Käufer bereit halten, um sie an die ihm noch näher anzugebende Adresse abzuschicken. Während der Wartezeit wird die Ware mangelhaft. Dann ist — sagt Krückmann —, der Verkäufer anzeigepflichtig. Er muß dem Käufer Nachricht geben, damit

der Käufer sich umsehen und nötigenfalls durch Deckungskäufe sichern kann[319]).

2. [Übernommen aus Staub: Positive Vertragsverletzungen.] „Die gesunden Äpfel des Käufers werden durch die vom Verkäufer gelieferten wurmstichigen Äpfel angesteckt; der Käufer hat vielleicht infolge der mangelhaften Lieferung seiner eigenen Lieferungsverpflichtung nicht gerecht werden können und wird seinem Abnehmer schadensersatzpflichtig; oder die mangelhaft gelieferte Ware verdirbt seine eigene Ware und richtet dadurch Schaden an; oder die Ware ist wegen des Mangels polizeilich beschlagnahmt worden, und dem Käufer sind Auslagen an Strafe und Kosten erwachsen. Alle diese Schäden entstehen nicht durch die positive Lieferung mangelhafter Ware, sondern durch die nicht rechtzeitige Anzeige. Wäre rechtzeitig, also vor der Lieferung, angezeigt, so hätte sich der Käufer anderswo umsehen können, seine Ware gegen die mangelhafte neue Ware sichern können, hätte die Annahme der polizeilich beschlagnahmten Ware verweigern können. Kurz, die rechtzeitige Anzeige hätte die Abwehr des eingetretenen Schadens ermöglicht" [320]).

Ich muß hier zunächst an das S. 89 fg. und 107 dieser Abhandlung Gesagte erinnern. Sobald einmal die Anzeigepflicht bei Kauf, Miete, Schenkung, Leihe, Verwahrung, Darlehn, Gemeinschaft, Gesellschaft von dem reinen Gewährschaftsrecht vollständig losgelöst war, folglich feststand, daß das BGB. jedenfalls in einem gewissen Umfange eine Anzeigepflicht bei Kauf, Miete, Leihe usw. auferlegt, lag doch der Gedanke nur zu nahe, daß auch diese Anzeigepflichtregelung weiter ausgebaut werden könne. Besteht eine Anzeigepflicht beim Abschlusse des Kaufs, der Miete, Leihe usw., damit der Käufer, Mieter usw. keinen Schaden erleide, so muß doch auch in Fällen wie den oben erwähnten eine Verpflichtung zur Anzeige angenommen werden, müssen der Verkäufer, Vermieter, Verleiher usw., wenn die Sache nach Vertragschluß und vor

---

319) Krückmann, a. a O. 205.

320) Krückmann, a. a. O. 205/206.

der Erfüllung des Kaufs usw. mangelhaft wird, dem Käufer usw. hiervon Anzeige machen.

Es erhebt sich nunmehr sofort die Frage: wieweit reicht die Anzeigepflicht in diesen Fällen? Grundsätzlich soweit, als dem Schuldner bei Erfüllung der aus dem speziellen Schuldverhältnis[321]) **geschuldeten Sorgfaltspflicht**[322]) [BGB. §§ 276, 277, — 521, 599, 708 usw.] eine inhaltliche oder umfangliche Veränderung des Schuldverhältnisses, von der der Gläubiger wissen muß, um richtig handeln zu können und nicht zu Schaden zu kommen, — bekannt werden **mußte**[323–324]), darüber hinaus nur, falls der Schuldner zufällig von einem derartigen Umstande erfährt[324]).

Ausdrückliche Bestimmung! — BGB. § 482 [Anzeigepflicht nur bei Hauptmängeln!][325]).

— Diese zunächst nur für die beiden letzterwähnten Krückmannschen Beispiele getroffene Entscheidung gilt grundsätzlich für die ganzen zur Gruppe 1 gehörenden Anzeigepflichtfälle. —

Bevor ich die hier naheliegende Frage nach den Grenzen der Anzeigepflicht des Gläubigers gegenüber dem Schuldner beantworte, will ich zunächst noch eine Reihe von Einzelentscheidungen zusammenstellen.

---

321) Vgl. Staudinger-Kuhlenbeck 9/4, S. 111 Ziffer 2a, S. 112 Ziffer c, S. 113/4 Ziffer b.

322) Wurde die Sorgfaltspflicht durch Schuldabänderungsvertrag gesteigert, so wächst auch die Anzeigepflicht und umgekehrt.

323) Verletzung der Sorgfaltspflicht hat also stets Verletzung der Anzeigepflicht zur Folge. — Im einzelnen Falle wird es fast stets möglich sein, zu sicheren Ergebnissen zu gelangen. Verletzung der Anzeigepflicht liegt vor im Falle a in Note 38. Der Dachdeckergehilfe hat das Werkzeug und Gerüstzeug nachzuprüfen. — Die Sorgfaltspflicht verlangt vom Lehrherrn, daß er das Betragen des Lehrlings überwacht. Anzeigepflicht des Lehrherrn bei schlechtem Betragen des Lehrlings gegenüber dem Vater des Lehrlings [Stammler, 371/2].

324) Das gilt auch für den Gläubiger = Schuldner!

325) Vgl. dazu Krückmann, 198/9.

9. Der Rechtsfall 6 ist zutreffend entschieden.

10. Grundsätzlich wird man annehmen dürfen, daß die in Geschäftsverbindung zu einander stehenden Parteien jede Veränderung des Wohnsitzes einander anzeigen müssen.

— Staudinger-Kuhlenbeck zu § 269 Note II 2 S. 88 führt aus:

„Bei Obligationen aus unerlaubten Handlungen ergibt sich der Leistungsort aus der Pflicht zur Herstellung des Zustandes, der bestehen würde, wenn der zur Leistung verpflichtende Umstand nicht eingetreten wäre. Der Schuldner wird daher den Leistungsort vielfach nicht kennen, da er vielfach nicht wissen kann, wo der Gläubiger die Sache ohne das Dazwischentreten der unerlaubten Handlung gehabt haben würde. Er muß daher den Leistungsort erst durch Anfrage bei dem Gläubiger feststellen. Letzterer ist zur unverzüglichen Mitteilung verpflichtet." Dem ist zuzustimmen.

---

11. Gemäß BGB. § 321 kann, wer aus einem gegenseitigen Vertrage vorzuleisten hat, wenn nach dem Abschlusse des Vertrags in den Vermögensverhältnissen des anderen Teils eine wesentliche Verschlechterung eintritt, durch die der Anspruch auf die Gegenleistung gefährdet wird, die ihm obliegende Leistung verweigern, bis die Gegenleistung bewirkt oder Sicherheit für sie geleistet wird.

Bessern sich die Vermögensverhältnisse des „anderen Teils" wieder, so entsteht für ihn die Verpflichtung dem Vorleistungspflichtigen die Verbesserung der Vermögensverhältnisse unverzüglich anzuzeigen. Denn es steht nunmehr der normalen Abwicklung des Schuldverhältnisses kein Hindernis im Wege, und diese wichtige Veränderung muß der Vorleistungspflichtige kennen[326]). Selbstverständlich kann der Vorleistungspflichtige Glaubhaftmachung der Anzeige verlangen.

---

12. Wieweit reicht die Anzeigepflicht des Gläubigers gegenüber dem Schuldner?

[326]) Vgl. RG. II 6. November 1906. Gruchots Beitr. LII Nr. 13 S. 408—414.

Es sind folgende Fälle zu unterscheiden:

I. Der Gläubiger ist auch Gläubiger-Schuldner [vgl. Note 324!].

a) Hier reicht die Anzeigepflicht des Gläubiger-Schuldners grundsätzlich soweit, als dem Gläubiger-Schuldner bei Erfüllung der aus seinen speziellen Verpflichtungen (zur Gegenleistung bzw. zur Mitwirkung zur Leistung) geschuldeten Sorgfaltspflicht eine inhaltliche oder umfangliche Veränderung des Schuldverhältnisses, von der der Schuldner-Gläubiger wissen muß, um richtig handeln zu können und nicht zu Schaden zu kommen, bekannt werden mußte.

b) Darüber hinaus nur, falls der Gläubiger-Schuldner zufällig von einem derartigen Umstande erfährt. [Vgl. S. 114 dieser Abhandlung.]

Beide Sätze sind sicher.

II. Es besteht nur eine sogenannte streng einseitige Verpflichtung.

Der gegebene Ausgangspunkt ist Rechtsfall 7. Ist der Gläubiger verpflichtet, dem Bürgen von einem gegen den Hauptschuldner eingeleiteten Zwangsversteigerungsverfahren Nachricht zu geben?

Das RG. hat — vgl. RGZ. LXV Nr. 38[327]) — mit sehr eingehender Begründung diese Frage in Übereinstimmung mit der herrschenden Meinung[328]) im Schrifttum verneint. Mit Recht! Denn ich glaube nicht, daß diese Entscheidung für das geltende Recht angreifbar ist[329]), daß im BGB. eine Anzeigepflicht des Gläubigers[330]) gegenüber dem Bürgen besteht.

---

[327]) JW. 07, S. 176 Nr. 16

[328]) Die Literatur ist angegeben: RGZ. LXV 136. Vgl. weiterhin Windscheid-Kipp[9], II § 478 S. 1098 Ziffer 3; Enneccerus[3], I § 415 S. 1057. Abw. A.: Marcus, Der Anspruch des Bürgen auf Diligenz des Gläubigers gegenüber dem Hauptschuldner nach BGB., Recht VI 02, 450/7.

[329]) Wegen der Begründung dieses Satzes verweise ich auf die Ausführungen des RG. in RGZ. LXV 136/7, 139 (unten), 140 (oben, erste Zeilen), sowie auf die Materialien, namentlich Mot. II 678 fg. Vlg. auch Urteil des Oberlandesgerichts München vom 12. Juli 1907, SeuffBl LXXIII S. 249—252.

[330]) Der Schuldner ist dem Bürgen gegenüber anzeigepflichtig.

Vom Standpunkte der Rechtspolitik aus beurteilt, halte ich aber das Ergebnis nicht für beifallswert. Die Bedenken, welche [vgl. namentlich Mot. II, 678 fg.] gegen die Aufstellung einer allgemeinen Diligenzpflicht des Gläubigers gegenüber dem Bürgen erhoben worden sind, mögen grundsätzlich berechtigt sein. Aber war nicht [was Mot. II, 679 m. E. zu Unrecht verneinen] eine bestimmte Abgrenzung der zu vagen allgemeinen Diligenzpflicht angängig!

Ich würde bei den sogen. streng einseitigen Verpflichtungen eine Anzeigepflicht in folgendem Umfang für notwendig erachten:

a) der Gläubiger selbst setzt eine Handlung, von der der Schuldner wissen muß, um sein Handeln richtig einrichten und sich vor Schaden aus der Sonderverbindung bewahren zu können. Hier darf dem Gläubiger, der aus dem sogen. streng einseitigen Schuldverhältnisse (Bürgschaft) nur Vorteile zieht, die geringe Mühe einer Anzeige zugemutet werden [in unserm Falle also wünschenswert Verpflichtung: die Einleitung der Zwangsvollstreckung anzuzeigen]!

b) Sodann, falls der Gläubiger zufällig von einem Umstande Kenntnis erhält, von dem der Schuldner wissen muß, um im Hinblick auf die bestehende Sonderverbindung richtig handeln zu können.

...... Soweit nicht im BGB. — wie bei der Bürgschaft — eine abweichende Regelung getroffen ist, steht der Anwendung dieser beiden Sätze als geltendes Recht nichts im Wege.

---

13. Ich verweise weiterhin auf Note 12 dieser Abhandlung. Den dort wiedergegebenen Ausführungen Plancks und Kuhlenbecks ist zuzustimmen. Die Interessenlage in der Sondergemeinschaft zwischen den Gesamtschuldnern ist eine derartige, daß sie die Annahme einer solchen Anzeigepflicht rechtfertigt. Über weiteren Schutz der Gesamtschuldner vgl. das S. 114 dieser Abhandlung Gesagte[331]).

14. Ich schließe die Ausführungen in Gruppe 1 mit der Erörterung über die Anzeigepflicht bei Raterteilung.

---

[331]) Bei den sog. unechten Solidarobligationen besteht nur eine Verpflichtung zur Anzeige für den Gläubiger gemäß dem S. 114 dieser Abhandlung Gesagten.

[Rechtsfall 8.]

1. Die Raterteilung erfolgt auf grund eines Vertragsverhältnisses.

[Näheres bei Oertmann[2], zu § 676 Note 1, b α; Enneccerus[3], I § 384, S. 981 II 1, 2 a b.]

a) Der Raterteilende irrt sich und erteilt einen falschen Rat. Dann muß er davon dem andern, sobald er den Irrtum bemerkt, unverzüglich Anzeige machen.

b) Der Raterteilende erteilt einen richtigen Rat. Die Sachlage ändert sich nachträglich, und darum droht dem Beratenen aus der Befolgung des Rates ein Schaden. Durchschnittlich keine Anzeigepflicht des Raterteilenden. Denn er hat seine Verpflichtung richtig erfüllt. Anders natürlich, wenn der Raterteilende als „dauernder Berater" angestellt ist.

2. Der Raterteilende macht sich deliktisch verantwortlich.

[Vgl. Oertmann[2], zu § 676 Note 1 b β; Enneccerus[3], I § 384 S. 982 Ziffer 3.]

Unzweifelhaft besteht hier [vgl. S. 122 dieser Abhandlung] für den Raterteilenden die Verpflichtung, durch unverzügliche Anzeige den Eintritt der schadenbringenden Folgen der deliktischen Raterteilung zu verhindern!

3. Der Raterteilende erteilt unentgeltlich Rat. Kein Vertragsverhältnis! Er hat sich auch nicht deliktisch verantwortlich gemacht. — Dann keine Verpflichtung zur Anzeige im Falle des Irrtums bei der Raterteilung [Rechtsfall 8].

B. Gruppe 2.

[Es besteht keine Sonderverbindung.]

I. Untergruppe.

A.

a) Beispiele.

Verpflichtung des Automobilfahrers: die Passanten durch Signale zu warnen.

Verpflichtung des Dachdeckers, der Reparaturen vornimmt: einen Strohwisch als Warnungszeichen auszuhängen.

Verpflichtung desjenigen, der zur Bewachung seiner einsam gelegenen Wohnung frei umherlaufende bissige Hunde hält, durch Warnungstafeln dritte Personen auf die Gefahr hinzuweisen.

Verpflichtung des Gutsbesitzers, der Bekannte durch seine Ställe rundführt, diese darauf hinzuweisen, daß ein Pferd schlägt, oder daß der Stier bösartig und tückisch ist.

Verpflichtung bei Tiefbauarbeiten, durch deutliche Zeichen darauf aufmerksam zu machen, daß der Weg unpassierbar ist usw.

b) Das Charakteristische dieser Anzeigepflichtfälle

Es besteht die vom Anzeigepflichtigen zu vertretende Gefahr, daß dritte Personen an Leben, Körper, Gesundheit, Freiheit, Eigentum usw. beschädigt werden. Eine Schadenszufügung wäre von dem Anzeigepflichtigen als eine widerrechtliche gemäß BGB. §§ 823 fg. zu vertreten. Diese widerrechtliche Beschädigung kann nur (oder doch voraussichtlich nur) dadurch verhindert werden, daß der Anzeigepflichtige in verkehrsüblicher Weise auf die drohende Gefahr hinweist. Darum Anzeigepflicht![332]).

c) Die in Betracht kommenden Anzeigepflichtnormen.

α) Ausdrückliche: namentlich Polizeiverordnungen! [Schutzgesetze im Sinne von BGB. § 823 II.]

β) Die allgemeinen Verletzungsverbote: BGB. §§ 823 fg. [Die Anzeigeverpflichtung gehört zu dem Komplex von positiven Pflichten, den die Verletzungsverbote auferlegen.]

Verschuldensgrade: BGB. § 823 I.

Kennenmüssen des Anzeigepflichtigen.

B.

Die deliktische Handlung ist bereits vorgenommen.

[Beispiel: In einer Gesellschaft klagt eine ältere hysterische Dame über Schlaflosigkeit. Sie behauptet, die ihr von ihrem

---

332) Damit ist auch schon der Umfang dieser Untergruppe bestimmt. — Vgl. auch Enneccerus, I⁸, § 451, S. 1141.

Hausarzte vorgeschriebene Dosis eines bestimmten Schlafmittels reiche für sie nicht aus. Ein junger Herr, der an der Gesellschaft teilnimmt, sagt zu ihr in übermütiger Laune: Ich bin Arzt. Nehmen Sie auf meine Gefahr die vierfache Dosis! Ihr Hausarzt ist — darüber sind wir Ärzte uns vollkommen einig, — zu vorsichtig. Ist auch nur entfernt zu befürchten, daß die Dame diesen Rat befolgt, so ist der Spaßvogel selbstverständlich verpflichtet, die Dame rechtzeitig auf das Scherzhafte seines Rates hinzuweisen und so vor Schaden zu bewahren.

Daß in solchen Fällen, — daß überall dort, wo die schädlichen Folgen der deliktischen Handlung hereinbrechen oder hereinzubrechen drohen, — eine Anzeigepflicht besteht, ist nicht zu bezweifeln Allerdings besteht hier keine besondere Anzeigepflichtnorm[333]). Diese Verpflichtung fließt vielmehr aus dem allgemeinen Verletzungsverbot — oder — so kann man auch sagen — das verletzte Verletzungsverbot äußert sich interimistisch als Anzeigepflichtnorm.

II. Untergruppe.

Erheblich schwieriger ist die Beantwortung der nunmehr zu erörternden Frage: ist — bzw. inwieweit ist eine analoge Ausweitung der Anzeigepflichtregelung: BGB. § 823 II StGB. § 139, SprengstG. § 13 usw. geboten?

I. Das Charakteristische der durch BGB. § 823 II, StGB. § 139 usw. geregelten Anzeigepflichtfälle:

Dritten Personen droht die Gefahr: an Leben, Körper, Gesundheit, Freiheit, Eigentum usw. verletzt zu werden. Diesmal ist aber diese Gefahr — im Gegensatze zu den in der Untergruppe I erörterten Fällen, — nicht vom Anzeigepflichtigen zu vertreten. Trotzdem legt ihm die Rechtsordnung [aus gleich darzulegenden Gründen] eine Anzeigepflicht auf ......, allerdings nur insoweit, als der Anzeigepflichtige zufällig von dem anzuzeigenden

333) Die Rechtsfolgen bei Anzeigepflichtverletzung sind in diesen Fällen bereits im Verletzungsverbote mitgeregelt. Trotzdem erschien es mir praktisch, in einer Darstellung über die Anzeigepflicht im Schuldrecht auch diese Seite der Verletzungsverbote herauszustellen, und darum spreche ich auch bei verschuldeter Unmöglichkeit und verschuldetem Verzug usw. von einer Anzeigepflicht.

„verbrecherischen Vorhaben" usw. erfährt. Also kein Kennenmüssen des Anzeigepflichtigen.

II. Besteht nun nur in den durch BGB. § 823 II, StGB. § 139, SprengstG. § 13 [vgl. auch SeuchenG. § 2] geregelten Fällen eine Anzeigepflicht, oder ist eine analoge Ausdehnung dieser Normen geboten? Genauer: Verneint das Gesetz für alle Fälle, die nicht durch BGB. § 823 II StGB. § 139 usw. geregelt sind, in denen aber anderseits der Gedanke an eine BGB. § 823 II StGB. § 139 analoge Entscheidung naheliegt, diese Verpflichtung zur Anzeige,

> z. B. deshalb, weil der Gesetzgeber annahm, ein weiteres Eingreifen des Gesetzes sei nicht nötig; er dürfe die hier nötige Ordnung andern Mächten [der Religion, Moral usw.] überlassen[334]),

oder ist die analoge Ausdehnung der Regelung: BGB. § 823 II, StGB. § 139 usw. statthaft — ja geboten, da der Gesetzgeber nur deshalb mit einer weitergehenden gesetzlichen Regelung zurückgehalten hat, weil er sich einstweilen zur abschließenden Regelung dieser Frage noch nicht reif genug fühlte[334]) und annahm, es werde Wissenschaft und Rechtsprechung gelingen, auf die allgemeinen Rechtsgrundsätze gestützt, zu zweckentsprechenden Entscheidungen zu gelangen?

III. Die Beantwortung der Frage ist einfach für BGB. § 823 II SeuchenG. § 2. Hier ist jede analoge Ausweitung der Anzeigepflichtregelung durch StGB. § 300 [richtiger BGB. § 823 II StGB. § 300] ausgeschlossen.

IV. Schwieriger ist die Beantwortung der Frage, ob eine analoge Ausdehnung der Regelung BGB. § 823 II StGB. § 139, SprengstG. § 13 möglich ist.

Um diese Frage mit Sicherheit beantworten zu können, muß man sich zunächst über die Entscheidung der Vorfrage nach der Bedeutung und Tragweite der Verweisung in BGB. § 823 II verständigen. Es fragt sich nämlich: verweist BGB. § 823 II

---

334) Vgl. Zitelmann, Lücken im Recht, (1903), S. 8, 9 und Note 14 (S. 42—44). — Der Text lehnt sich hier stellenweise wörtlich an Zitelmanns Ausführungen a. a. O. 8, 9 an.

(soweit er auf das StGB. hinweist) nur auf die Bestimmungen des II. Teils des StGB. (§§ 80 fg.), oder verweist er bzw. inwieweit verweist er darüber hinaus auch auf die Normen des I. Teils des StGB. oder gar die „Einleitenden Bestimmungen" des StGB.?

Ich beantworte diese Frage nur für StGB. § 2 I.

Verwiese BGB. § 823 II auch auf StGB. § 2 I, so wäre — für unsern konkreten Fall — bereits infolge der Verweisung auf StGB. § 2 I jede analoge Ausdehnung der Regelung: BGB. § 823 II StGB. § 139, SprengstG. § 13 unmöglich.

Eine so weitgehende Verweisung des § 823 II BGB. ist indes abzulehnen[335]). Grundsätzlich ist vielmehr jede kraft Verweisung aus BGB. § 823 II zum Bestandteil des BGB. gemachte Norm als Norm des BGB. der analogen Ausdehnung fähig, soweit nicht innere Gründe oder andere Zivilrechtsnormen der analogen Ausdehnung dieser Schutzgesetze im Wege stehen.

V. Spricht die ratio legis — sprechen in der Regelung: BGB. § 823 II StGB. § 139 usw. liegende Gründe — gegen eine analoge Ausweitung der Zivilrechtsregelung BGB. § 823 II StGB. § 139 usw.?

Zunächst die ratio legis! Ich kennzeichne sie kurz wie folgt:

Der Endzweck der Gemeinschaft kann nur erreicht werden, wenn sich die Rechtsgenossen um einander kümmern. Darum muß — zunächst in den Grenzen des § 823 II BGB. § 139 StGB. usw. — jeder Rechtsgenosse den andern Rechtsgenossen bzw. die Gemeinschaft der Rechtsgenossen auf einen drohenden Schaden aufmerksam machen, damit sie ihr Verhalten der besondern Lage entsprechend richtig einrichten können. Verpflichtung — **rechtliche** Verpflichtung zur Menschenhilfe! **Unzweifelhaft** ein beifallswerter **Rechtsgedanke voll werbender Kraft!**

---

[335]) Es sprechen hiergegen insbesondere folgende Gründe:

1) Die Bedenken gegen eine analoge Ausdehnung der Strafrechtsnormen kehren für das Zivilrecht nicht (jedenfalls nicht in demselben Maße) wieder. Es liegt also kein Grund vor, das Zivilrecht hier vom Strafrecht vollständig abhängig zu machen.

2) BGB. § 828! Er gilt auch für die durch BGB. § 823 II geregelten Delikte.

Sobald aber die Frage aufgeworfen wird: inwieweit ist eine analoge Ausdehnung der Regelung BGB. § 823 II, StGB. § 139 usw. möglich, zeigen sich Schwierigkeiten.

Die Anzeigepflichtregelung StGB. § 139 enthält nicht die für eine analoge Ausdehnung dieser Regelung notwendigen charakteristischen Linien. Die Tatbestände sind zusammengewürfelt[336]). Und so bleibt nur die Wahl ...... entweder die Anzeigepflichtregelung BGB. § 823 II StGB. § 139 auf alle Verbrechen [diese Grenze ist ja für eine Analogie aus StGB. § 139 jedenfalls die äußerste!] auszudehnen[337]) oder jede Analogie abzulehnen.

Die erste Entscheidung verdient den Vorzug. Denn das Recht hat eine erziehliche Aufgabe[338]).

BGB. § 826.

Soweit BGB. § 826 eine Verpflichtung zur Menschenhilfe (diese kann auch in einer Anzeige bestehen) auferlegt[339]), ist der Anzeigepflichtige bei vorsätzlicher Unterlassung der Anzeige schadensersatzpflichtig[340]).

---

336) Warum soll der, welcher weiß, daß B die Absicht hat, die C zu notzüchtigen, nicht anzeigepflichtig sein, während er, falls er glaubhafte Kenntnis davon erhalten hat, daß B die Absicht hat, den D zu berauben, anzeigepflichtig ist.

337) Damit kämen alte Rechtsgedanken wieder zu Ehren. Vgl. die Angaben bei v. Liszt[16/17], a. a. O. S. 603 Note 3.

338) Bei vorsätzlicher Verletzung der Anzeigepflicht wäre die Entscheidung auch mit BGB. § 826 zu stützen.

339) Vgl. v. Liszt, Die Deliktsobligationen, S. 72—74; Stammler, a. a. O., 487—490; Kohler, Lehrbuch des Bürgerlichen Rechts II 1, § 7, Ziffer III, S. 28; Dernburg, Bürgerliches Recht, II 2, § 393 speziell Note 4; Windscheid-Kipp[9], II, S. 950 c. Die Entscheidung der Frage: Inwieweit besteht gemäß BGB. § 826 eine Verpflichtung zur Menschenhilfe? ist im Rahmen dieser Abhandlung unmöglich. Vgl. neustens v. Alberti, Rechtswidrige Unterlassungen, (1908) mehrfach, insbesondere S. 29 fg.

340) Bei vorsätzlicher Unterlassung der Anzeige im Rechtsfall 12 würde m. E. der Nachbar schadensersatzpflichtig sein, ebenso im Rechtsfall d in Note 38.

Anzeigepflichtverletzung.

Bereits S. 93 dieser Abhandlung habe ich darauf hingewiesen, daß, soweit noch über die im BGB. ausdrücklich geregelten Fälle hinaus weitere Anzeigepflichtfälle bestehen, die Folgen der Verletzung dieser Anzeigeverpflichtungen noch besonders sub III 2 zu erwähnen sind. Die folgenden dieser Aufgabe gewidmeten Ausführungen schließen sich eng an die Erörterungen S. 89 fg. an.

I. Vorsätzliche Verletzung der Anzeigepflicht durch arglistiges Verschweigen [S. 91 Ziffer 1—5]. Entsprechend den Ausführungen S. 107 zu ergänzen:

6. Darlehen. Arglistiges Verschweigen des Darleihers — Anspruch des Darlehensnehmers auf das Erfüllungsinteresse.

7. Gesellschaft. Arglistiges Verschweigen des die vertretbaren oder verbrauchbaren (BGB. § 706 II Satz 1) bzw. nicht vertretbaren oder nicht verbrauchbaren [BGB. § 706 II Satz 2] Sachen beitragenden Gesellschafters — Anspruch der übrigen Gesellschafter auf das Erfüllungsinteresse.

8. Gemeinschaft. Arglistiges Verschweigen der Gemeinschafter, die bei der Aufhebung der Gemeinschaft einen gemeinschaftlichen Gegenstand einem der Teilhaber zuteilen; — Anspruch dieses Teilhabers gegenüber jedem der Teilhaber (in Höhe dessen Anteils) auf das Erfüllungsinteresse.

II. Weil die Anzeigepflicht in den S. 91 und 107 zusammengestellten Anzeigepflichtfällen nicht nur durch arglistiges Verschweigen, sondern auch durch fahrlässiges Verschweigen verletzt werden kann, so sind nunmehr die Voraussetzungen und Wirkungen der fahrlässigen Verletzung der Anzeigepflicht in diesen Fällen klarzustellen.

1. Kauf. a) Grob und leicht fahrlässiges Verschweigen des Verkäufers beim Abschlusse des Kaufs [BGB. § 276][341]).

---

[341]) Vgl. hierzu Krückmann, a. a. O. 209/210.

Haftung auf das Anzeigeinteresse, d. h. auf Ersatz des Schadens, den der Käufer dadurch erlitten hat, daß er darauf vertraute, eine fehlerfreie Sache zu erhalten.

b) Grob und leicht fahrlässiges Verschweigen des Verkäufers beim Gattungskauf —

wie sub a. Haftung auf das Anzeigeinteresse.

2. Miete. Grob und leicht fahrlässiges Verschweigen des Vermieters bei Vertragschluß —

Anspruch des Mieters auf Schadensersatz wegen Nichterfüllung [BGB § 538].

3. Schenkung. Grob (BGB. § 521) fahrlässiges Verschweigen des Schenkers — Anspruch des Beschenkten auf das Anzeigeinteresse.

4. Leihe. Wie bei der Schenkung. BGB. § 599!

5. Werkvertrag (Werklieferungsvertrag). Grob und leicht fahrlässiges Verschweigen des Unternehmers, — Anspruch des Bestellers auf das Anzeigeinteresse [BGB. § 276].

6. Darlehen. Bei unverzinslichem Darlehen wie bei der Leihe und Schenkung.

Bei verzinslichem Darlehen wie bei Kauf.

7. Gesellschaft. Verschweigen des Gesellschafters, weil er nicht die Sorgfalt angewandt hat, welche er in eigenen Dingen anzuwenden pflegt — Haftung auf das Anzeigeinteresse.

8. Gemeinschaft. Wie beim Kauf.

Für die übrigen sub III 2 erörterten Anzeigepflichtfälle können bezüglich des Inhalts der Schadensersatzverpflichtung bei Anzeigepflichtverletzung keine Zweifel bestehen.

Kulpakompensation.

A.

a) Arglistiges Verschweigen des Darleihers — Kenntnis des Darlehensnehmers beim Abschlusse des Darlehensgeschäfts.

Kein Anspruch Darlehensnehmer —> Darleiher.

— Fahrlässige Unkenntnis des Darlehensnehmers beim Abschlusse des Darlehensgeschäfts.

Anspruch Darlehensnehmer —> Darleiher auf das Erfüllungsinteresse.

b) Arglistiges Verschweigen des die in BGB. § 706 II genannten Sachen beitragenden Gesellschafters.

— Kenntnis der übrigen Gesellschafter bei Einbringung der beizutragenden Sachen.

Kein Anspruch der übrigen Gesellschafter —> diesen beitragenden Gesellschafter.

— Fahrlässige Unkenntnis der übrigen Gesellschafter . . . .

Anspruch der übrigen Gesellschafter —> diesen beitragenden Gesellschafter auf das Erfüllungsinteresse.

c) Arglistiges Verschweigen der Gemeinschafter, die bei der Aufhebung der Gemeinschaft einen gemeinschaftlichen Gegenstand einem der Teilhaber zuteilen.

— Kenntnis des Teilhabers.

Kein Anspruch.

— Fahrlässige Unkenntnis des Teilhabers.

Anspruch auf das Erfüllungsinteresse.

B. Im übrigen ist — worauf Krückmann a. a. O. 206/7 zuerst in dankenswerter Weise hingewiesen hat, — bei den meisten Anzeigepflichtverletzungen[342]) die Regelung in BGB. § 307 I Satz 2[343]) [hier handelt es sich ja um einen im Gesetz ausdrücklich geregelten Fall von Anzeigepflichtverletzung[344])] bei der Beurteilung der Kulpakompensation zugrunde zu legen.

Weil über die Auslegung von BGB. § 307 I Satz 2 gestritten wird, so sei hier zunächst die eigene Auffassung von BGB. § 307 I Satz 2 angedeutet.

---

[342]) Sie paßt nicht für die S. 121 fg. erörterten Anzeigepflichtfälle.

[343]) Nur 307 I Satz 2, nicht BGB. § 122 II! Vgl. dazu Klein SeuffBl. LXXII, 142—144, LXXIII, 313, Note 23.

[344]) Vgl. S. 112 dieser Abhandlung.

Mit Oertmann[345]) nehme ich aus den dort angeführten Gründen an, daß in BGB. § 307 I Satz 2 ein äquivalentes Verschulden des Beschädigten erfordert wird. [Vgl. auch Ungar Entw. §§ 953 (1143) 993 III.]

Daraus ergeben sich für die vorliegende Untersuchung folgende Leitsätze:

a) Arglistige Verletzung der Anzeigepflicht — stets Anspruch des beschädigten Anzeigeberechtigten, auch bei grober Fahrlässigkeit (aber nicht bei Kenntnis) des Anzeigeberechtigten[345a]).

b) Fahrlässige Verletzung der Anzeigepflicht.

Es ist nachzuprüfen, ob das Verschulden des beschädigten Anzeigeberechtigten dem Verschulden des Anzeigepflichtigen äquivalent ist oder nicht[346]).

Aus diesen beiden Sätzen lassen sich die Entscheidungen für die ganzen hier in Betracht kommenden Anzeigepflichtfälle leicht und sicher ablesen.

Für die übrigen Anzeigepflichtfälle[347]) ist BGB. § 254 maßgebend.

IV. Einzelheiten.

Die Ausführungen in den vorhergehenden Kapiteln sind noch durch einige Detailausführungen zu ergänzen.

---

[345]) Oertmann², zu § 307 Note 4. A. M. Krückmann, a. a. O. 206/207, 232 fg. und Staudinger-Kuhlenbeck³/⁴, zu § 307 Note 2c.

[345a]) Vgl. Recht XII. Nr. 1950

[346]) Auch die Entscheidung der S 11 Note 10 Abs. 2 aufgeworfenen Frage ist damit gegeben. M. E. ist der Gläubiger in diesem Falle nicht anzeigepflichtig. Vgl. auch S. 85. u. 110 dieses Buches, ferner Arthur Kohler, Arch. BürgR XXV, 172 oben und Windscheid-Kipp⁹, I. S 482.

[347]) Vgl. Note 342 dieser Abhandlung.

1. Bei Versprechen der Leistung an einen Dritten ist, falls der Dritte unmittelbar das Recht erworben hat, die Leistung zu fordern, der Dritte der Anzeigeberechtigte.

2. Anspruch des Anzeigepflichtigen auf Erstattung der durch die Anzeige entstandenen Unkosten gegen den Anzeigeberechtigten (den Benachrichtigten[348]).

Da die Anzeige nur den Vorteil des Anzeigepflichtigen im Auge hat, so ist grundsätzlich vom Benachrichtigten eine nötige finanzielle Aufwendung des Anzeigepflichtigen bei der Anzeige zu erstatten [vgl. Stammler, a. a. O. 370].

Natürlich dann nicht, wenn der Anzeigepflichtige mit der Anzeige lediglich eine von ihm verursachte und zu vertretende Gefährdung des Benachrichtigten abwenden oder eine bereits eingetretene Beschädigung noch eindämmen, herabmindern will.

[Beispiele: Kein Anspruch auf Erstattung der Unkosten für eine Anzeige von der vom Anzeigepflichtigen verschuldeten Unmöglichkeit der Leistung (vgl. S. 112 dieser Abhandlung!).

Kein Anspruch auf Erstattung der Auslagen für eine Anzeige in den S. 122 angeführten Fällen].

Wohl aber bei der Anzeige von einer vom Anzeigepflichtigen nicht verschuldeten nachträglichen Unmöglichkeit der Leistung.

Der Schuldner muß die Unmöglichkeit glaubhaft machen. Diese Kosten treffen den Schuldner (vgl. S. 73 fg. dieser Abhandlung!).

Die Kosten für die Anzeige kann er aber vom Benachrichtigten (Gläubiger) ersetzt verlangen.

Beispiel: Der Sänger erkrankt ohne sein Verschulden auf der Reise. Er zeigt dem Direktor telegraphisch an, daß er nicht am morgigen Abend singen könne.

Anspruch Sänger ——> Direktor auf Erstattung der Kosten für das Telegramm.

Der Sänger läßt sich seine Erkrankung vom behandelnden Arzte bescheinigen. Kein Anspruch auf Erstattung der Kosten des Attestes!

---

348) In der Mehrzahl der Fälle entstehen durch die Anzeige überhaupt keine Kosten. Daher Note 130 zutreffend. Wichtig BGB. § 110.

Anspruch auf Erstattung der durch die Anzeige entstandenen Kosten nur insoweit, als der Anzeigepflichtige die den gegebenen Verhältnissen entsprechende billigste Art der Anzeige gewählt hat.

3. Beweislast.

Der Anzeigepflichtige ist wegen Verletzung der Anzeigepflicht auf Leistung von Schadensersatz verklagt:

er muß nachweisen, daß er die Anzeige abgesandt hat.

Der Anzeigepflichtige macht Ansprüche aus der Erfüllung der Anzeigeverpflichtung geltend:

er muß den Zugang der Anzeige beweisen.

Die Entscheidung der übrigen Beweislastfragen bietet **nichts Besonderes**.

Verzeichnis besprochener Quellenstellen.

1. Römisches Recht.

2. ALR.

3. Moderne Reichsgesetze.

a) BGB.

b) HGB.

c) ZPO.

d) KO.

e) Entwurf eines Gesetzes über den Versicherungsvertrag*).

*) Vgl. nunmehr die entsprechenden §§ des Gesetzes über den Versicherungsvertrag vom 30. Mai 1908.

f) StGB.

g) Sprengstoffgesetz.

h) Seuchengesetz.

4. Ausländisches Recht.

Entwurf eines ungarischen allgemeinen bürgerlichen Gesetzbuchs. (Erste Fassung.)

Druck von A. W. Hayn's Erben, Potsdam.

FSC
www.fsc.org
MIX
Papier | Fördert gute Waldnutzung
FSC® C083411

Kolibri 360 GmbH
Ferdinand-Jühlke-Straße 7
99095 Erfurt, Deutschland
produktsicherheit@kolibri360.de